薪酬 考核
激励 晋升 一本通

仝宝雄 ◎ 著

中国商业出版社

图书在版编目（CIP）数据

薪酬　考核　激励　晋升一本通／仝宝雄著.
北京：中国商业出版社，2025. 5. -- ISBN 978-7-5208-3361-5

Ⅰ．F272.923

中国国家版本馆 CIP 数据核字第 2025NW1063 号

责任编辑：杨善红

策划编辑：刘万庆

中国商业出版社出版发行
（www.zgsycb.com 100053 北京广安门内报国寺 1 号）
总编室：010-63180647　　编辑室：010-83118925
发行部：010-83120835/8286
新华书店经销
香河县宏润印刷有限公司印刷
*
710 毫米 ×1000 毫米　16 开　14 印张　160 千字
2025 年 5 月第 1 版　2025 年 5 月第 1 次印刷
定价：68.00 元
****
（如有印装质量问题可更换）

前言

在这个竞争日益激烈的商业环境中，企业之间的竞争越来越激烈。一个企业要想在市场竞争中立于不败之地，不仅需要拥有先进的生产技术和优质的产品服务，更需要具有一套高效的、科学的人力资源管理系统，一定要把内部管理好，才能够在向外发展的过程中一帆风顺。

其中，薪酬、考核、激励与晋升体系无疑是现代企业管理中的核心引擎，也是企业人力资源管理的核心内容之一，它们共同推动着企业不断地向前发展。

事实上，不管是对于企业还是对于员工，薪酬都是重中之重。求职者在衡量一份工作时，薪酬往往是其比较看重的一个因素。企业的薪酬体系作为企业与员工之间的桥梁，其设计与实施直接关系到员工的工作积极性和企业的整体效益。一个公平、合理且具有竞争力的薪酬体系，不仅能够吸引和留住优秀的人才，还能够激发员工的创新精神和工作热情，为企业的持续发展提供源源不断的动力。

除此之外，科学严谨的考核体系对于企业来说也尤为重要，它是评估企业员工或团队工作表现、发现问题的重要工具。企业管理者都希望自己的员工或团队能够符合工作要求，并且能够与企业共同成长，这就需要恰当的考核体系对员工或团队进行筛选。而通过科学的考核方法和公平公正的评估标准，企业就能够准确地了解员工或团队的工作成效和存在的问题，从而做出更准确的应对。

对于企业来说，考核结果可以作为评估企业员工或团队表现等的一个参考数据。企业可以根据考核结果，对企业员工或团队进行激励和加勉，这就是激励体系和晋升体系在企业中的作用。

激励体系是指企业通过物质、非物质等方式来激发员工或团队的工作积极性和潜能，让他们将更大的能力投入工作中。

晋升体系则是给员工或团队一个目标。众所周知，在企业结构中，每一层级的待遇不同，所以，员工或团队通过晋升体系能够感受到企业为自己所提供的公平、公正的职业发展机会，能够实现自己的个人价值或团体价值。晋升体系不仅有助于激发员工或团队的工作动力和创造力，还能够优化企业的人才结构，提高企业的整体竞争力。对于企业来说，一个公正公平的晋升路径，实现的是企业与员工的双赢。

由此可见，薪酬、考核、激励与晋升体系在现代企业管理中发挥着至关重要的作用，它们共同构成了企业人力资源管理的核心框架，为企业的可持续发展和竞争力提供了坚实的支撑。作为企业管理者，必须高度重视这些体系的建设和完善，并且不断优化和调整，以适应不断变化的市场环境和员工需求。只有这样，才能在激烈的市场竞争中立于不败之地，从而实现企业的长远发展目标。

目 录

第一章　薪酬管理体系的全面构建

深入剖析企业薪酬管理策略 / 2

如何精心设计高效薪酬体系 / 6

薪酬水平与结构的优化设计 / 9

精细化的薪酬构成规划 / 12

有效控制薪酬成本的管理艺术 / 16

第二章　绩效考核体系实战：深入岗位评价与绩效管理

如何高效进行岗位评价 / 22

深度剖析企业绩效管理的核心要素 / 27

绩效管理体系设计的全面指南 / 30

探究绩效管理中的关键工具与模型 / 34

精心设计绩效考核体系的策略 / 39

构建与优化关键业绩指标的艺术 / 43

绩效考核案例解析 / 46

第三章　不同岗位员工的绩效考核与薪酬激励机制

高层管理者的绩效评估与薪酬激励策略 / 50

采购专员的绩效考核体系与薪酬激励方案 / 62

生产人员的业绩评价与薪酬激励机制 / 66

技术研发人员的绩效衡量与薪酬激励措施 / 69

销售团队的绩效考核与薪酬激励政策 / 73

市场人员的业绩评估与薪酬激励制度 / 78

客户服务人员的绩效管理与薪酬激励设计 / 80

财务人员的绩效考核标准与薪酬激励安排 / 82

行政、人事人员的绩效考评与薪酬激励规划 / 87

第四章　激励机制的核心价值及意义

激励机制的理论基石 / 94

激励机制设计的核心准则 / 97

物质激励机制：构建高效动力的蓝图 / 100

非物质激励机制：激发内在潜能的钥匙 / 102

实施策略：确保激励机制有效落地的路径 / 106

直面挑战：激励机制实施中的困境与对策 / 109

第五章　职场晋升的智慧之路：步步为赢

职业定位的深远影响 / 116

职业晋升的内在规律与趋势 / 119

从职场新秀到行业领袖的蜕变之旅 / 122

从自我管理到团队引领的飞跃 / 125

塑造系统思维，成就中层管理精英 / 128

跨越管理边界，迈向领导力新高度 / 132

从幕后英雄到内外兼修的王者 / 135

第六章　职业生涯的规划与精细化管理

自我认知与精准职业定位 / 140

洞悉企业文化与岗位需求的契合点 / 143

SMART 原则在职业目标设定中的精妙运用 / 146

跨行业与跨领域发展的策略规划 / 150

突破职业瓶颈与成功转型的实战方法 / 152

树立终身学习理念，引领职业发展新高度 / 156

构建职业网络，加速职业成长步伐 / 158

个人品牌与职业发展的双向赋能 / 161

可持续发展视角下的职业规划与未来展望 / 164

第七章　综合案例分析

案例一：食品公司的股权激励计划 / 168

案例二：制造业企业的绩效薪酬挂钩模式 / 170

案例三：服务行业的全面薪酬策略 / 172

案例四：知名企业考核体系实例 / 176

案例五：知名企业激励机制揭秘 / 181

案例六：知名企业职业晋升体系展示 / 186

第八章　实用工具

工具一：薪酬计算器模板 / 192

工具二：薪酬结构设计模板 / 194

工具三：KPI、OKR、360度反馈等考核方法介绍 / 196

工具四：考核流程图表 / 200

工具五：激励方案策划模板 / 201

工具六：激励效果评估表 / 203

工具七：晋升申请表与评审表 / 205

工具八：职业发展资源库指南 / 209

结语 / 212

第一章
薪酬管理体系的全面构建

　　本章我们先来讲一下薪酬管理体系，毕竟一位新员工入职公司更看重的是薪酬。薪酬作为人力资源管理中的一项系统工程，不仅涉及基本工资、绩效奖金、福利补贴等多个层面的科学设定，还需要注重薪酬与岗位价值、员工能力、市场薪酬水平及企业绩效的紧密挂钩。说得直白一点，薪酬管理体系是否成熟，不仅决定着一个企业能否招聘到符合要求的员工，也决定着一个企业能否留住那些有实力的员工。

深入剖析企业薪酬管理策略

我们在一些招聘软件上浏览招聘职位时,能够一目了然地了解到某公司某职位的薪资。作为应聘者,我们或许会将不同公司同一职位的薪资进行比较,最终选择自己心仪的目标公司投递简历。

然而,每个公司所展现出来的岗位薪资,并非拍脑门定出来的,而是涉及一个复杂、细致的过程。

我们在谈薪酬管理策略之前,应该先了解薪酬管理的核心原则。作为企业,在制定岗位薪酬时,需要遵循哪些核心原则?我们来看一下表1-1。

表1-1 薪酬管理的核心原则

核心原则	内容
公平性原则	确保薪酬制度公平,员工的薪酬与其工作表现直接相关
激励性原则	通过设定明确的薪酬标准和奖励机制,激发员工的工作积极性和创造力
个性化原则	考虑不同员工的个性化需求,为其提供定制化的薪酬方案

下面,我们通过案例来展开谈谈薪酬制定原则。

首先,公平性原则是核心、根本,如果一个企业连薪酬都不具备公平性,那么,这家企业就会让应聘者觉得十分不靠谱。而且,一个公平有序的薪酬制度,能够让各岗位、各层级的员工看到自己通过努力工作得到的回报,从而得到员工的信任,这是激发员工工作积极性的基础。

那么，怎样的薪酬制度才算得上公平呢？

某公司招进来不同岗位的三名新员工，她们的薪资待遇分别如下：

王华，学历大专，公司前台，月薪4 500元；

李薇，学历本科，公司会计，月薪6 500元；

何莉，学历硕士，公司中层管理岗，月薪12 000元。

当一个公司招聘时，不同岗位需要的人才不同，自然薪资也不同。所以，刚入职的王华不会觉得公司薪资制度不公平，因为她很清楚自己的前台岗位能挣到4 500元，已经是同岗位中不错的薪资待遇。

这家公司的薪酬制度的制定就是遵循了公平性原则。

其次，激励性原则，薪酬的激励性是激发员工工作积极性和创造力的根本。其中包括绩效薪酬、奖金制度、长期激励等。我们还是以上面三名员工为例，讲一下激励性原则。

王华，前台，月薪4 500元；

李薇，会计，月薪6 500元；

何莉，管理层，月薪12 000元。

作为公司员工，她们都享有公司的奖金制度，比如，每月的全勤奖500元，只要是全勤就会获得这笔奖金，不管是哪个岗位，只要达到要求，都能得到这笔奖金。所以，不管是王华、李薇还是何莉，都会更加努力地工作，在激励制度的鞭策下，能够提升不同岗位员工对公司的忠诚度和工作动力。

最后，个性化原则，这一原则是有必要性的。还是以王华等人为例，全勤奖都是一样的，然而，王华、李薇、何莉在公司不同的岗位，干着不同的工作，承担着不同的责任，在薪资待遇、奖励激励方面就必然要展现出个性化。

举个例子，该公司发期权，作为前台的王华可能只分到了1%的期权，但管理层的何莉却直接拿到了10%的期权。因为王华的工作内容和担责的程度与何莉不一样，所以，拿到的期权份额自然不一样。但是，王华不会因此觉得公司厚此薄彼，因为王华很清楚自己的水平和能力，能拿到1%的期权已经满足了她的需求，也提升了她对公司的满意度和忠诚度。

我们按照公平性原则、激励性原则、个性化原则制定了薪酬制度，但是作为公司一定不能犯"纸上谈兵"的大忌。所以，接下来我们聊一聊薪酬管理的具体策略。

薪酬管理包括优化薪酬结构、差异化薪酬策略、建立科学的薪酬预算管理体系、灵活调整薪酬方案以及建立沟通与反馈机制，具体如表1-2所示。

表1-2 薪酬管理的具体策略

方式	特征	内容
优化薪酬结构	根据岗位性质、职责要求及市场薪酬水平，合理设计薪酬结构，包括基本工资、绩效奖金、福利补贴等多个组成部分	基本工资应满足员工的基本生活需求，绩效奖金则用于激励员工提高工作效率和业绩
差异化薪酬策略	针对不同层级、不同岗位的员工，采取差异化的薪酬策略	对于核心岗位和关键人才，可适当提高薪酬水平，以增强其忠诚度和归属感；而对于非核心岗位或绩效不佳的员工，则可通过调整薪酬结构或进行岗位优化来降低成本
建立科学的薪酬预算管理体系	根据企业年度经营目标和财务状况，合理制定薪酬预算，并严格执行	通过定期评估薪酬预算的执行情况，及时调整策略，确保薪酬支出在可控范围内

续表

方式	特征	内容
灵活调整薪酬方案	根据市场变化、企业绩效和员工表现等因素,灵活调整薪酬方案	在市场竞争加剧或企业经营困难时,可适当降低基本工资的增长幅度,但增加绩效奖金的比重,以激励员工共同应对挑战
建立沟通与反馈机制	建立有效的沟通和反馈机制,让员工有机会表达对薪酬制度的看法和建议	及时回应员工的关切和疑问,对合理的建议进行采纳和改进,使薪酬制度更加公正、合理

优化薪酬结构、差异化薪酬策略、建立科学的薪酬预算管理体系都是薪酬制度的常规管理,但是灵活调整薪酬方案和建立沟通与反馈机制是比较少见的。

灵活调整薪酬方案最典型的案例是疫情防控期间,由于业绩下滑、盈利不足等原因,很多企业对员工薪酬进行了调整,大多数企业采用的是按比例降薪。所以,在创立公司之初,公司建立薪酬管理制度时,就应该重视这一点,将这一点纳入劳动合同中,确保公司能够留住愿意与公司"共渡难关"的员工。

最后一点是建立沟通与反馈机制,确保员工理解。不过,这一点只是理论上要对员工提出的合理建议进行采纳和改进,而在实际操作过程中,一般企业都不会公开征集对薪酬的反馈建议。

薪酬管理策略是企业留住员工的最有效的方法之一。比如,能够激发员工的工作积极性和工作动力,能够吸引和留住优秀人才,提升整个企业组织效能,增强企业本身的合规性及声誉。

虽然企业薪酬管理策略是一个涉及多个方面的复杂过程,但却是每个企业必不可少的管理策略。一个企业通过遵循公平、激励、竞争和个性化等核心原则，采取优化薪酬结构、差异化薪酬策略、建立科学的薪酬预算管理体系、灵活调整薪酬方案以及建立沟通与反馈机制等具体策略，并克服实施过程中的难点与挑战，可以构建一个高效、公正且具有竞争力的薪酬管理体系。

如何精心设计高效薪酬体系

作为一家企业的管理者，设计一个高效薪酬体系很重要，这一体系直接关系到员工的积极性、企业的竞争力和可持续发展。

尤其是现在的求职者非常看重一个公司的薪酬体系，比如，求职者李凡瑞面对三家公司的薪酬体系，你认为他会选择哪一家？

甲公司：基本工资（6 000 元）+ 奖金（全勤奖 500 元）+ 津贴与补贴（车补 300 元 / 饭补 400 元）+ 福利（社保 / 补充社保）

乙公司：基本工资（4 000 元）+ 公司期权（期权 1.8%）+ 津贴与补贴（无）+ 福利（社保 / 培训机会）

丙公司：基本工资（5 500 元）+ 奖金（无）+ 津贴与补贴（无）+ 福利（社保）

李凡瑞在看到三家公司的薪酬体系之后，考虑到自身情况，就选择了入职甲公司。其实很多人在看到这样的薪酬体系之后，都会倾向于公司甲，虽然乙公司给出的 1.8% 的期权其实很高，可这毕竟是公司给员工画的"饼"，能不能"烙熟"，能不能"吃"到嘴里是不确定的。对于丙公司，薪资看起来还可以，但是除了薪资之外，就没有任何竞争优势了。

但是，甲公司是将实实在在的利益摆在求职者面前，所以，一般求职者都会更倾向于甲公司。

正是因为甲公司有了这样一套薪酬体系，才吸引了更多的相关人才，也会比乙公司、丙公司更能留住人才。

由此可见，精心设计高效薪酬体系是企业人力资源管理中的重要环节，对于设计高效薪酬体系，有一些设计建议，仅供参考（表1-3）。

表1-3 薪酬管理体系的设计建议

方式	步骤	具体内容
明确薪酬策略与目标	了解市场行情	制定薪酬方案前，企业需对市场进行深入调研，了解同行业、同地区的薪酬水平、薪酬结构及福利政策等信息，确保薪酬体系具有竞争力
	明确企业战略目标	薪酬体系应与企业战略目标相一致，通过薪酬激励推动企业战略的实施
	确定薪酬策略	根据企业财务状况、员工需求及市场情况，明确薪酬策略，包括薪酬水平、薪酬结构、福利政策等
设计薪酬结构	基本工资	确保基本工资满足员工基本生活需求，体现员工的岗位价值及工作经验
	绩效工资	根据员工的绩效表现来设定，激励员工提高工作效率和质量。绩效工资的设定应公平、透明，并与员工的岗位职责和工作目标紧密相连
	奖金与福利	设立合理的奖金制度，如年终奖、项目奖金等，以奖励员工的优秀表现。同时，提供具有吸引力的福利项目，如健康保险、带薪休假、员工培训等，增强员工的归属感和忠诚度
建立薪酬调整机制	定期评估	定期对薪酬体系进行评估，确保其适应企业发展和市场变化。评估应基于员工绩效、市场薪酬水平、企业经济状况等因素
	灵活调整	根据评估结果，灵活调整薪酬结构和水平，保持薪酬体系的竞争力和公平性。调整要充分考虑员工的个人发展和企业需求

续表

方式	步骤	具体内容
确保薪酬体系的透明与公平	公开透明	让员工了解自己的薪酬构成、计算方式及调整依据，提高员工对薪酬体系的认同感和满意度
	公平合理	薪酬体系要体现员工的岗位价值、工作表现和市场薪酬水平，确保薪酬分配的公平性和合理性
加强沟通与反馈	建立沟通机制	定期与员工进行关于薪酬体系的沟通交流，了解他们的需求和意见
	收集反馈	通过员工满意度调查、座谈会等方式收集反馈意见，及时发现问题并采取改进措施
关注非物质奖励		提供员工认可计划、优秀员工评选、晋升机会等非物质奖励措施，满足员工多层次需求，提高员工的积极性和创造性
法律合规与风险管理	遵守法律法规	制定和实施薪酬体系过程中，遵守相关法律法规和政策规定，确保薪酬体系的合法合规性
	关注政策变化	及时关注政策变化和法律法规更新，调整和完善薪酬体系，避免法律风险和合规问题

通过表 1-3 的设计建议，能够清楚地看出高效薪酬体系需要从明确薪酬策略与目标、设计薪酬结构、建立薪酬调整机制、确保薪酬体系的透明与公平、加强沟通与反馈、关注非物质奖励、法律合规与风险管理等方面进行综合考虑，通过这些措施的实施，企业可以构建一个高效、公平，并且具有竞争力的薪酬体系。所以，建议公司在构建薪酬体系时，一定要多维度考虑，既要站在公司利益上去考虑，也要站在求职者的角度去考虑。

薪酬水平与结构的优化设计

上一节里,我们举了一个案例,以李凡瑞去求职,看到三家公司同一岗位给出的薪酬待遇,来讲解如何设计高效薪酬体系,本节我们仍以李凡瑞去求职,三家公司同一岗位给出的薪酬待遇为例,来剖析薪酬结构的优化设计(表1-4)。

甲公司:基本工资(6 000元)+奖金(全勤奖500元)+津贴与补贴(车补300元/饭补400元)+福利(社保/补充社保)

乙公司:基本工资(4 000元)+公司期权(期权1.8%)+津贴与补贴(无)+福利(社保/培训机会)

丙公司:基本工资(5 500元)+奖金(无)+津贴与补贴(无)+福利(社保)

表1-4 薪酬优化制定方案

方案	步骤	具体内容
薪酬水平优化	市场薪酬调查	定期进行市场薪酬调查,了解同行业、同地区、同岗位的薪酬水平,确保企业薪酬水平具有竞争力
		通过调查,明确企业自身薪酬水平在市场中的位置,进而制定合理的薪酬策略
	岗位价值评估	对企业内各个岗位进行全面评估,包括工作职责、技能要求、贡献度等方面
		基于评估结果,制定不同岗位薪酬水平,确保薪酬分配的公平性和合理性

续表

方案	步骤	具体内容
薪酬水平优化	绩效与薪酬挂钩	建立科学的绩效评估体系,确保评估结果的准确性和公正性
		将员工薪酬与其工作表现紧密挂钩,实施绩效考核制度,依据员工绩效表现给予相应的薪酬调整
薪酬结构优化	固定薪酬与浮动薪酬的平衡	固定薪酬提供基本保障,满足员工基本生活需求
		浮动薪酬(如绩效奖金、提成等)与绩效挂钩,激励员工提高工作绩效
		根据实际情况,合理设定固定薪酬与浮动薪酬的比例,以期达到最佳激励效果
	差异化薪酬	根据不同岗位、不同职级、不同年资,制定差异化薪酬标准
		差异化薪酬有助于激励员工提升自身能力和贡献,实现个人与企业共同成长
	福利制度的完善	提供多样化福利,如健康保险、退休金计划、员工培训等,以增强员工对企业的归属感和满意度
		应根据员工需求和企业实际情况进行个性化设计,以满足员工不同需求
	长期激励计划的引入	对于关键岗位和核心员工,引入股票期权、利润分享等长期激励措施
		有助于留住人才,激发员工长期贡献
其他注意事项	透明化薪酬政策	薪酬管理系统应清晰地展示不同职位的薪资范围、奖金结构及其他福利待遇
		有助于减少员工的不满情绪,增强员工对企业薪酬制度的信任感
	建立沟通与反馈机制	建立高效的沟通机制,确保信息畅通和准确传递
		通过定期的绩效会议或一对一沟通,与员工深入讨论绩效问题,并共同制订改进计划
		鼓励员工提出对薪酬绩效体系的改进建议和创新做法,共同推动体系的持续改进和发展
	定期评估与调整	定期对薪酬绩效体系进行评估和审查,发现问题及时调整和优化
		根据市场薪酬变化和公司业务需求,对薪酬标准和结构进行适度调整,保持薪酬体系的灵活性和适应性

一般来说，企业制定薪酬都是按照上面所述内容来确定，但是，薪酬水平与结构也要根据企业的实际情况，并要兼顾公司老板提出需要注意的各点要求。

公司甲的甲老板对于薪酬制定并没有干涉过多，对于制定的薪酬水平和结构只是要求能够在招聘市场上具有一定的优势，很显然，公司甲的薪酬制定的确达到了甲老板的要求。

公司乙的乙老板对于薪酬的制定可能考虑到公司目前流动资金不充裕，但是，乙老板也知道自己给出的基本薪资要大大低于其他公司同等岗位薪资，于是就给出了1.8%的期权。乙老板希望通过期权弥补一下基本薪资低的劣势，也希望能够找到有前瞻性的优秀人才。

公司丙的丙老板给出的薪资结构是很简单的，基础薪资的数额在招聘市场同等岗位上属于中等水平，但是他没有给出任何奖金、津贴等，只有一个必须缴纳的社保，从实际操作上来看总体薪酬待遇处于劣势。

三家公司按照不同的需求和要求设计的薪酬水平和结构会吸引招聘市场上不同的应聘者，毫无疑问的是，公司甲的应聘者应该是远远高于公司乙和公司丙。毕竟作为应聘者，找工作为的是挣钱养家糊口，为了梦想奋斗的终究是少数。所以，能够实实在在拿到手的薪资才最吸引应聘者。

当然，也会有一些应聘者是看中期权，毕竟在某电商企业崛起之前，也是将期权给了与老板一起成长拼搏的"开疆拓土"的老员工，随着该电商企业的上市，期权成了拿到手的股份。当企业发展得好，公司股票节节高升时，拿到原始股的老员工们基本上也可以实现财富自由。因此，很多应聘者也会考虑入职一些前景很好、基础薪资不高但给期权的公司。

由此可见，对于企业老板来说，薪酬的水平和结构不是定得越高越好，也不是定得越低越好，而是要以公司发展为依据，以公司实际现状为根本去衡量，制定出最适合公司的薪酬水平和结构。

所以，公司制定薪酬可不是老板与相关管理人员的头脑风暴，而是要根据表1-4中的各个方面进行评估，通过市场薪酬调查、岗位价值评估、绩效与薪酬挂钩、固定薪酬与浮动薪酬的平衡、差异化薪酬、福利制度的完善、长期激励计划的引入、透明化薪酬政策、建立沟通与反馈机制以及定期评估与调整等，构建一个合理、公正、透明的薪酬体系，进而吸引更多人才。

精细化的薪酬构成规划

上一节大概讲了不同公司同等岗位的薪酬水平和结构能够吸引不同的应聘者，实际上，作为一个企业，内部薪酬也是完全不同的。

某公司招聘会上招来两名新员工王华和肖晴，王华应聘的是公司的前台岗位，肖晴应聘的是公司的销售岗位，表1-5是王华和肖晴入职半年后的薪资比较。

表1-5　案例薪酬表

时间	王华（前台）	肖晴（销售）
6月	4 500元	2 500元
7月	4 500元	2 500元
8月	4 300元	2 500元

续表

时间	王华（前台）	肖晴（销售）
9月	4 500元	8 000元
10月	4 000元	8 000元
11月	4 500元	11 000元

你没有看错，同一天入职不同岗位的两名员工，半年之内每月到手工资却有着天壤之别，这是为什么呢？

简单来说，就是因为公司前台和公司销售是两个截然不同的职位，它们在职责、技能要求、工作强度以及对公司业绩的直接贡献度上有所不同，因此，她们的薪酬水平和结构也有着巨大的差异。

我们仔细来说一下：

首先，我们来说王华，作为公司前台，她的薪资一般来说是处于公司薪酬系统的最底层，因为这个职位对于专业技能的要求相对比较低。作为一名前台，她只需要具有沟通能力和基本行政处理能力就能胜任，当然公司选前台也会有外貌要求，不过，一般前台在一线城市的基本工资也就是3 000元到6 000元不等。

该公司给王华的基本工资是4 000元，在整体水平中属于中等偏下，但是，该公司的薪酬结构除了基本工资之外还有绩效奖金、福利和加班费。

比如，王华只要全勤就能拿到500元的全勤奖，如果遇到加班，就会按照相应的政策拿到加班费。

6月、7月、9月、11月，王华能够保证全勤到岗，于是就拿到了基本工资+全勤奖，因为这四个月内没有加班任务，于是到手工资4 500元（该案例中将社保、公积金扣除部分忽略不计）；8月、10月，显然王华并没有全勤到岗，全勤奖是全部扣除，到手 4 000 元，但是 8 月有两次周末加班情况，加班费 300 元。

其次，我们再来说一下肖晴，作为公司的销售，销售的薪酬水平通常是较为灵活的，且往往与个人及公司的业绩直接挂钩，而且销售人员的基本薪资非常低。像肖晴的基本工资只有 2 000 元，但是销售是有提成的，因此我们来看一下肖晴这半年来的薪酬。

6 月、7 月、8 月，这三个月是肖晴刚刚进入公司的三个月，从薪资来看，肖晴就是拿了基本工资和全勤奖，每个月都能做到全勤上岗，所以到手 2 500 元；后面三个月，肖晴的工资就好像坐了火箭，9 月、10 月直接涨到 8 000 元，11 月更是月薪上万。由此可见，肖晴从 9 月开始就已经有了业务，并且能够获得根据销售额、利润、回款率等指标计算得来的提成/佣金，在熟悉工作内容并建立自己的销售脉络之后，她的工资也就一下子轻松过万。

时间过得很快，转眼间就到了年底，王华和肖晴在年底的时候也都能够拿到公司发的年终奖（表 1-6）。

表 1-6　案例薪酬表

时间	王华（前台）	肖晴（销售）
1 月	5 000 元	18 000 元

我们来看一下王华，很容易就能拆解出王华的薪资结构：基本工资 4 000 元 + 全勤奖 500 元 + 年终奖 500 元。

再来看一下肖晴的薪资结构：基本工资 2 000 元 + 全勤奖（无）+ 提成 14 000 元 + 年终奖 2 000 元。

很显然，从基本工资来看，王华还是远远高于肖晴，但是从年终奖来看，根据公司业绩和个人表现，肖晴的年终奖是远远高于王华的。

我们从一个具体的案例中，就能够清楚地看到同公司不同岗位的薪酬水平和结构的区别。其实，前台和销售的薪酬水平和结构反映了它们各自职位的特点和对公司的不同贡献度。在实际薪酬构成规划操作中，公司应根据自身情况、市场标准和员工期望来制定合理的薪酬方案。

那么，在制定合理的薪酬方案的时候，我们应该注意哪些？我们用表1-7来展开说明。

表1-7　薪酬制定方案

方案	薪资构成	具体内容
薪酬构成的基本要素	基本工资	根据员工的职位、职责、经验、技能等因素确定的基础薪资，是员工薪酬的主要组成部分，能提供基本的生活保障
	绩效奖金	根据员工的工作表现、业绩成果等因素确定的奖励性薪资，旨在激励员工提高工作效率和质量。绩效奖金通常与公司业绩目标和个人绩效指标挂钩
	津贴与补贴	根据员工的工作岗位、工作环境、生活需求等因素提供的额外补贴，如交通补贴、住房补贴、餐饮补贴等
	福利与保险	包括企业提供的各项福利政策，如健康保险、退休金计划、员工培训等，以及法定社会保险和住房公积金等
	股权激励	对于关键岗位和核心员工，企业可以制订股权激励计划，如股票期权、限制性股票等
精细化的薪酬构成规划	差异化薪酬设计	根据不同岗位、不同职级、不同年资等因素，制定差异化薪酬标准
	弹性薪酬制度	引入弹性薪酬制度，如计时工资、计件工资、项目工资等，以适应不同岗位的工作特点和需求
	绩效考核与薪酬挂钩	建立科学的绩效考核体系，将员工薪酬与其工作表现紧密挂钩
	福利与保险的个性化设计	根据员工需求和企业实际情况，制定个性化福利和保险政策
	股权激励计划的实施	对于关键岗位和核心员工，实施股权激励计划，将员工利益与企业长期发展紧密结合

续表

方案	薪资构成	具体内容
实施精细化薪酬构成规划的注意事项	公平性与透明度	确保薪酬构成规划的公平性和透明度，避免内部不公平和歧视现象发生
	灵活性与适应性	保持薪酬构成规划的灵活性和适应性，根据市场变化和企业需求适时调整
	合规性与法律遵循	确保薪酬构成规划符合相关法律法规和政策规定的要求，避免法律风险的发生

我们依据表1-7，就能够很容易地去设计、制定公司内不同岗位员工的薪酬。所以，制定薪酬是一个大工程，尤其是不同岗位的差异化薪酬，要从多方面考虑，比如工作内容、工作强度、工作技能以及工作上要求员工担任的责任，等等。

一家公司通过合理的薪酬结构和分配方式，可以激发员工的工作积极性和创造力，提升企业的整体绩效。同时，在实施精细化薪酬构成规划时，还需要注意公平性与透明度、灵活性与适应性以及合规性与法律遵循等要求。

有效控制薪酬成本的管理艺术

对于应聘者来说，往往会在看一家公司给出的薪酬后做出自己的选择。

对于公司来说，每一个岗位的薪酬都要精心设计制定，而其中还有一点非常重要，那就是有效控制薪酬成本。

公司在创业、发展阶段都需要巨大的成本支出，包括直接成本、人力成本、运营成本、销售费用、研发费用、财务费用、资本成本等。其中，薪酬成本是人力成本中最重要的成本之一。

我们举个例子，甲公司和乙公司给出的薪酬不同：

甲公司：基本工资（7 000元）+奖金（全勤奖500元）+津贴与补贴（车补300元/饭补400元）+福利（社保/补充社保）

乙公司：基本工资（4 000元）+公司期权（期权1.8%）+津贴与补贴（无）+福利（社保/培训机会）

对于应聘者小李来说很希望入职甲公司，以小李整月全勤为例，甲公司每个月支付给小李的薪酬总计8 200元（该案例不包括社保、公积金等）；但是，乙公司在同一阶段能够提供给小李的薪酬总计4 000元。

因为公司期权在公司上市之前等同于零，实际上乙公司给出的薪资仅仅是甲公司的一半，由此可见，乙公司的老板控制了薪酬成本。

当然，对于乙公司来说，这样的薪酬水平和结构能否真的招聘到合适的人才是个未知数，不过，仅从薪酬成本控制上来说，乙公司的老板完胜甲公司的老板。只是乙公司的老板的薪酬控制接近于无效，因为应聘者在比较两家薪酬之后，会直接选择甲公司。

其实，有效地控制薪酬成本涉及多个方面的策略，旨在确保企业具有竞争力的同时还能够实现薪酬成本的有效控制，我们来看一下薪酬成本管理和实践中的关键点（表1-8）。

表1-8　薪酬成本管理的关键点

薪酬管理方法	关键	具体内容
建立合理的薪酬体系	明确薪酬策略	根据企业的发展战略、行业标准和员工能力，制定具有竞争力和公平性的薪酬体系
	设定薪酬标准和结构	明确不同岗位、职级和地区的薪酬标准，合理设置基本工资、绩效奖金、福利等薪酬组成部分

续表

薪酬管理方法	关键	具体内容
加强薪酬预算管理	制定科学的薪酬预算	根据企业年度经营目标和财务状况，合理制定薪酬预算，并严格执行
	定期评估与调整	定期对薪酬预算的执行情况进行评估，根据市场变化、企业绩效和员工表现等因素，灵活调整薪酬预算
优化薪酬结构	降低固定薪酬比例	通过调整薪酬结构，降低固定薪酬的比例，增加浮动薪酬和绩效奖金的比重
	实施差异化薪酬策略	针对不同层级、不同岗位的员工，采取差异化的薪酬策略
加强薪酬沟通与谈判	建立沟通渠道	与员工保持开放、透明的沟通，解释薪酬管理的目的、原则和流程，消除误解和疑虑
	充分准备薪酬谈判	薪酬谈判前，应了解同行业相似职位的薪酬水平和竞争对手的薪酬策略，为薪酬谈判提供合理的参考点
实施非物质激励		除了薪酬激励外，企业还应重视非物质激励的作用。如提供职业发展机会、培训资源、工作环境和企业文化等
加强薪酬成本控制与审计	建立薪酬成本核算制度	确保薪酬支出的合理性和可控性
	定期进行薪酬审计	对薪酬体系进行定期的审计和监控，发现和解决薪酬管理中的问题，确保薪酬政策的有效执行

比如，小李去应聘甲公司和乙公司的同一岗位，现在已经知道甲公司和乙公司的薪酬结构，我们如何帮助小李在薪酬成本巨大的甲公司，以及完全控制薪酬成本却容易流失人才的乙公司之间，找到一个平衡点？

首先，我们新建立一家A公司，来看一下如何做到有效控制薪酬成本。

小李所在岗位的基本薪资是在4 000~7 000元之间，那么甲公司显然是选择了一个最高点，而乙公司则选择了一个最低点，结合表1-8里的内容，A公司是不是可以将基本工资定在5 500元？显然，是没有问题的。

接下来，我们看奖金部分，一般全勤奖都是100~500元不等，甲公司选择了最高全勤奖，乙公司根本就没有全勤奖。那么，作为A公司可以将全勤奖定在300元。

再看津贴与补贴，大家需要清楚，它并不是一家公司的必需选项，这一项可以全选，也可以选其一。乙公司一项没选，甲公司全选，作为A公司可以相比较之后，选择刚性更强的车补300元。对于饭补，A公司可以在公司置办微波炉，方便员工解决中午饭问题。

在福利方面，社保和公积金肯定都要缴纳，这里有个实际问题就是工资基数决定着公司缴纳社保和公积金的金额不同。按照社保和公积金的计算公式来算，甲公司要为小李缴纳的金额在1 696元至2 486元之间，而乙公司需要为小李缴纳的金额在991.2元至1 200元之间。

A公司将小李的工资定为5 500元，那么公司为小李缴纳的社保和公积金总数就在甲公司和乙公司缴纳的数额之间。

综上所述，我们不难看出，甲公司在招聘市场拥有绝对优势，但薪酬成本巨大，给公司带来了巨大的资金压力；乙公司在招聘市场拥有绝对劣势，但控制了薪酬成本；唯独A公司在招聘市场既拥有招聘优势，又控制了薪酬成本，所以，A公司属于有效控制薪酬成本。

在有效控制薪酬成本的路上有一个捷径，那就是公司在制定薪酬水平和结构时可以收集不同企业相关岗位的薪酬数据，去掉一个最高分和一个最低分，看大部分公司薪酬水平；也可以直接取其平均数据，根据企业自身情况在平均数据上进行调整。

不过，有效控制薪酬成本的管理艺术涉及多个方面和策略。企业还是需要根据自身的实际情况和发展需求，灵活运用这些策略和方法，以确保在保持竞争力的同时，实现薪酬成本的有效控制，帮助企业更好地控制成本，吸引和留住顶尖人才。

第二章
绩效考核体系实战：深入岗位评价与绩效管理

上一章讲了薪酬，公司想要吸引更多人才就需要在薪酬的结构、水平等方面下功夫。在应聘者入职之后，公司付薪资的同时肯定也希望入职员工在工作技能、工作能力等方面能够"配得上"这份薪资。这时，公司该如何去判断某岗位的某员工与自己所付薪资"相匹配"呢？这里就不得不提到绩效考核。

绩效考核体系是职场战役，在这场战役中，企业和员工注定是"敌"非"友"。企业需精准把握每个岗位的核心职责与技能要求，通过科学、客观的岗位评价，为不同岗位设定合理的绩效指标与权重。并且，借助先进的绩效管理工具和方法，对员工的绩效表现进行持续跟踪、评估与反馈，以此来反向选择员工。

如何高效进行岗位评价

原在一线城市工作的罗致决定创业,辞职之前,他已经做到了一家上市科技公司 P8(高级专家级别)的位置。罗致不仅拥有技术而且还具有带领团队的能力,所以,他对自己创办一家小型科技公司有着成熟的规划。先来看一下罗致创办的科技公司(本章统一称之为"之源科技有限公司")的岗位构成(表 2-1)。

表2-1 岗位构成

岗位构成	岗位职责	岗位细分	细分岗位职责
技术岗位	技术岗位是互联网公司的核心,负责公司的产品研发、运维、测试等工作	前端开发	负责网页和客户端的界面开发,常用技术包括HTML、CSS、JavaScript等
		后端开发	负责服务器端的开发,使用Java、Python、Go、PHP等编程语言实现业务逻辑
		移动开发	专注于Android、iOS等移动平台的开发
		测试工程师	负责软件产品的测试工作,包括功能测试、性能测试、安全测试等
		运维工程师	负责服务器的维护、监控、调优等工作,确保系统的稳定运行
产品岗位	产品岗位负责公司的产品设计、规划、迭代等工作	产品经理	负责产品的整体规划、设计、推进和迭代,与市场、技术等部门紧密合作
		产品助理	协助产品经理完成产品的相关工作,如市场调研、需求分析等

续表

岗位构成	岗位职责	岗位细分	细分岗位职责
运营岗位	运营岗位负责公司的用户增长、用户留存、活动策划等工作	用户运营	负责用户关系的维护、用户活动的组织等，提高用户活跃度和留存率
		内容运营	负责内容创作、编辑、发布等工作，提供有价值的内容吸引和留住用户
		活动运营	负责策划和执行各类线上、线下活动，提高品牌知名度和用户参与度
设计岗位	设计岗位负责公司的产品设计、UI/UX设计等工作	UI设计师	负责产品的界面设计，提供美观、易用的界面方案
		UX设计师	负责产品的用户体验设计，优化用户的使用流程和交互体验
市场岗位	市场岗位负责公司的市场推广、品牌建设等工作	市场推广	负责公司市场推广策略的制定和执行，提高品牌知名度和市场份额
		品牌策划	负责公司的品牌建设和维护工作，提升品牌形象和品牌价值
职能岗位	职能岗位负责公司的日常运营、人力资源、财务等工作	行政助理	负责公司的日常行政事务处理，如文件整理、会议安排等
		人力资源	负责公司的人力资源管理，包括招聘、培训、薪酬等
		财务	负责公司的财务管理和会计工作，确保公司的财务稳健

之源科技有限公司的岗位构成已经很清晰，接下来，就是如何高效地进行岗位评价。

首先，我们要了解"岗位评价"的含义，按照定义来说，岗位评价又称为岗位测评，就是在岗位分析的基础上，对岗位的责任大小、工作强度、所需资格条件等进行评价，从而确定岗位相对价值的过程。

岗位评价的目的实际上是提供确定薪酬结构、等级的依据，是为了实现薪酬内部公平。

一般来说,很多企业在创立之初制定薪酬结构、等级时都会或多或少地进行岗位评价,也有走捷径通过招聘网站的招聘信息去看目前招聘市场相对应岗位的数据,从而给自家公司各岗位进行薪酬设计。实际上,作为一家公司的老板,我还是建议对自家公司所涉及的各个岗位进行岗位评价。

举个例子,同样是招聘运营岗位,贾老板是餐饮企业的老板,他需要一名运营人员,如果将运营岗位的重要性分为上、中、下三层,对于贾老板的餐饮企业来说,运营岗位仅仅占据中层;而何老板经营了一家以提供运营服务为主的活动公司,运营岗位在何老板的公司里就属于头部岗位。

由此可知,虽然招聘岗位是一样的,但是因为该岗位在不同公司所面对的责任、工作强度等不同,也需要同岗不同薪。那么,该如何进行岗位评价?岗位评价的内容通常包括岗位的工作任务的繁简难易程度、责任权限的大小、所需的资格条件以及劳动环境等方面。评价时,我们一般会根据预先规定的衡量标准,对岗位的主要影响因素逐一进行评价,由此得出各个岗位的价值量。

岗位价值评估又称职位价值评估或工作评价,是指在工作分析的基础上,采取一定的方法,对岗位在组织中的影响范围、职责大小、工作强度、工作难度、任职条件、岗位工作条件等特性进行评价,以确定岗位在组织中的相对价值,并据此建立岗位价值序列的过程。岗位价值评估的方法有很多,如岗位分类法、简单排序法、配对比较法、交替排序法、岗位参照法、分数分析法、因素计分法等。其中岗位分类法、简单排序法、配对比较法、交替排序法属于定性评价,而分数分析法、因素计分法属于定量评价。下面对于不同的岗位价值方法我们用一张表格来概述（表2-2）。

表2-2 岗位价值方法

岗位价值方法一		岗位价值方法二	
方法	具体内容	方法	具体内容
简单排序法	由评价人员按照自己的判断，根据一些特定标准（如工作复杂程度、对组织贡献大小等）进行整体比较，从而将岗位按照相对价值进行排列	工作分析法	通过观察、记录和分析工作内容和任务来评价岗位
岗位分类法	岗位分类法又称等级描述法，是指建立一个具有不同级别标准的岗位级别体系，然后将每一个岗位与标准进行比较，进而将其纳入合适等级的岗位评价方法	能力模型法	通过定义岗位所需的核心能力和技能来评价岗位
因素计分法	选取若干关键性的薪酬要素，界定每个要素的水平，同时给各个水平赋予一定的分值即点数，然后将各个岗位按照这些关键性要素进行评价得出每个岗位的总点数	市场调研法	通过对同类岗位进行调研和比较来评价岗位
配对比较法	配对比较法实际上是对排序法的一种量化改进，是指选取多种薪酬因素，按照各种因素将标杆岗位进行排序，并确定相应货币值，然后排列剩余岗位的方法	量化评估法	如点值评估法、等级划分评估法等，通过对岗位的各项要素进行打分或分类，来确定岗位的等级和薪酬水平

通过以上方法就可以进行岗位评价，而罗致一开始是不想进行岗位评

价的，原因有二：一是虽然辞职时他已经做到了上市科技公司的 P8，但他是与公司一同成长起来的，大概清楚每个岗位不同阶段的工资构成；二是他认为创业之初最要紧的是把精力和时间放在更重要的业务层面。

但实际上，对于中小型企业进行岗位评价是非常重要的，通过岗位评价，罗致可以明确各个岗位的门类、系统、等级的高低，因为岗位评价不是一成不变的，而是根据公司的发展状况，可以随时调整岗位的等级。除此之外，岗位评价是对员工进行招聘、考核、晋升、奖惩等管理时，所必需的统一的尺度和标准。

需要注意的是，岗位评价是一个持续的过程。比如，一家成立于2000年的服装企业，岗位评价不是一成不变的。在成立的前十年，该企业最重要的岗位是销售岗，销售员担负着"振兴""发展"企业的重任；到了2010年，电商开始初露锋芒，企业新添了线上运营岗位；到了2020年，电商成熟、直播兴盛，这时候企业最重要的岗位则是线上运营。

因此，岗位评价并不是一蹴而就的，而是要根据企业的发展进行一次次的评价，通过一次次的评价有助于企业实现薪酬内部公平性、提高员工满意度和忠诚度，从而促进企业的长期发展。不过，如果企业老板没有时间、精力去做岗位评价，也可以通过专业团队对企业岗位进行评价。综上所述，高效进行岗位评价可以确保岗位评价的准确性和有效性，为企业人力资源管理提供有力支持。

深度剖析企业绩效管理的核心要素

对于一家公司而言，企业绩效管理是重要的一环，从定义上来看，企业绩效管理（Enterprise Performance Management，EPM）是各级管理者和员工为了达到组织目标共同参与绩效计划制订、绩效辅导沟通、绩效考核评价、绩效结果应用、绩效目标提升的持续循环过程。可以说，企业绩效管理旨在提升个人、部门和组织的绩效，并确保企业战略目标的实现。

从定义理解，就能够看出企业绩效管理对于企业管理的重要性。我们还是以罗致所创立的之源科技有限公司为例，因为罗致在上市公司工作多年，且具有管理团队的能力。所以，他清晰地认识到绩效评估是企业绩效管理的关键环节，并且为了能够有效控制薪酬成本，罗致也需要EPM对员工的工作表现进行衡量和评价，我们来具体看一下（表2-3）。

表2-3 企业绩效管理

企业绩效管理	具体内容	详解
EPM核心组件	财务组件	用于衡量与优化财务绩效及建立或评估企业业务战略
	客户关系管理组件	用于衡量和优化客户关系
	运营与生产管理系统	用于衡量和优化产品的生产与服务提交过程

续表

企业绩效管理	具体内容	详解	
EPM与商业智能（BI）的区别	应用领域	EPM可以深入特定的业务流程或功能	BI只是通用工具
	功能划分	EPM可按企业业务功能划分	BI工具只能根据技术划分
	系统构造	EPM能够协调业务活动以达到特定的结果	BI只是支持没有预定义的特殊查询和分析
EPM的特点与优势	实现闭环业务系统	企业绩效管理实现了一个闭环的业务系统，包括搜集和传递信息的过程以及利用信息评估方案、制定决策的过程	
	提升绩效	通过设定明确的绩效目标，对员工的工作表现进行量化和评估，从而有效地推动企业的发展	
	激发员工积极性	绩效管理能够激发员工的工作积极性和创造力，提高员工的工作效率和质量	
	构建良好的企业文化	通过绩效管理的过程，企业可以培养员工的团队合作精神和责任感，增强企业的凝聚力和向心力	
EPM的部署	战略层	面向高端用户，能够帮助公司制定战略目标和关键绩效指标，并衡量目标实现的进展	
	业务分析层	企业绩效就是企业决策在业务操作中的执行结果，每一项决策的执行都会影响到公司的整体绩效	
	基础层	由数据仓库和数据集市构成，为战略层和业务层提供数据支持	
方法与工具	管理类方法	平衡计分卡、关键绩效指标（KPI）、目标管理考评体系、360度考评体系	
	统计类	层次分析法、主成分分析法	

其实，从表2-3中也能够看出，企业绩效管理的起点是设定一个目标，企业根据自身的发展规划、战略规划、市场前景等制定出一个合理、具体、可衡量且可实现的绩效目标，也就是后面我们会具体讲到的SMART目标。

比如，罗致希望自己的公司能够在半年内拿到某一个项目，这个项目带来的利润能够让公司实现盈利，这个目标肯定是符合 SMART 目标的；另外一家科技公司的李老板也给自己刚创立的新公司定了一个小目标，公司要在半年内上市。

很明显，半年内上市的目标显然不是一个合理、可实现的目标，李老板的员工对于企业所定目标也会持质疑的态度，一旦员工不信任公司时，会直接影响其工作积极性，阻碍公司的进一步发展。

我们再来看罗致给公司定的目标，是与公司的长期和短期发展需求紧密结合，并且确保每个部门、每个岗位、每位员工都能够理解自己的工作目标，明确个人目标与企业目标之间的关系，进而推动公司发展。

当目标确定之后，就是企业内部的沟通与支持，作为管理者需要与各个岗位的员工保持频繁的沟通。比如罗致本身就是技术出身，因此跟公司技术岗位的员工能无障碍沟通，并且因为带过团队，所以除了财务岗位，罗致基本上是可以通过与员工沟通了解员工的工作进展以及掌握员工所需要的支持。通过沟通罗致也可以为员工提供必要的指导和支持，帮助员工更好地完成工作任务，实现绩效目标。

反观李老板，在公司成立之后，他其实从技术到管理都没有经验，在公司内无法做到与各个岗位员工的沟通。李老板最喜欢的就是一天到晚地开大会、开小会、开头脑风暴会，但在这大大小小的会议上，基本上都是他在定"赚他一个亿"的小目标。虽然公司员工都在，但每一场会议都属于无效沟通。

设定了目标，同时又能够进行有效的沟通，就可以进入企业绩效管理的核心部分——评估与反馈。在这期间，需要注意的是，企业应选择适合自身的评估方法，如360度评估、关键绩效指标（KPI）评估、目标管理评估等，并确保评估的公平、公正和客观。

当然，这期间还有一个重要因素——企业文化。

为什么说企业文化是企业绩效管理的重要组成部分？

首先，企业文化与绩效管理都是从管理的角度出发，为达到管理目标而应用的管理手段。它们都需要以企业管理主体意识为主导，追求和实现一定的企业目标，并具有共同的目标、群体意识及与之相适应的组织机构和制度。

其次，企业文化是企业的黏合剂，能够将员工紧密地团结在一起，形成强大的凝聚力。同样，良好的绩效管理也能让员工在了解企业期望的基础上，不断发展和完善自己，从而增强归属感。

由此可见，企业文化与企业绩效管理之间相辅相成、相互促进。企业文化为绩效管理提供了指导思想、动力和环境支持；而绩效管理则通过其实施过程强化了企业文化，塑造了言行一致的企业文化并推动了企业文化的持续发展。因此，企业文化是企业绩效管理的重要组成部分。

绩效管理体系设计的全面指南

绩效管理体系可能是每一位员工都不喜欢的，但却是一个公司必不可少的体系。因为有绩效管理体系，才能够对员工的工作情况、工作能力等进行评估、筛选、激励等。那么，作为企业的管理者该如何设计出符合企业发展的绩效管理体系？

首先，企业要明确绩效管理体系的目的。很多管理者觉得绩效管理体系的目的不就是为了评估、筛选员工吗？实际上，一个好的绩效管理体系不仅可以用于评估和筛选，还具有提升员工绩效、工作效率和竞争力的作用，并且需要具有激励员工的绩效内容。

在众人眼中，公司的绩效管理就是"惩治"员工的一纸文书，但真正优秀的绩效管理体系不仅是"惩治"，还要能够"奖励""激励"员工。通过设定明确的绩效目标，激发员工的工作积极性和创造力，提供培训发展机会，从而提升员工的技能。只有包含了这些内容的绩效管理体系，才算得上是一个完整的绩效管理体系。

比如，罗致的公司在设计绩效管理体系时，对于销售岗员工给出的绩效考核是需要他们完成具体的某个项目，只要能够将该项目按要求推进就算是通过考核，如果在推进过程中能够获得其他成绩，就会有相应奖励；但是李老板的科技公司对销售岗员工的要求很高，绩效考核的目标是3个月内拿下天使投资，拿不下就是没完成绩效任务，就可以自行离职了。

很显然，公司的绩效管理体系中的目标设置，直接影响了岗位员工的去留。罗致的公司能够留住员工，但李老板的公司员工流失率就很高。

当公司有了目标，就要开始设计绩效管理体系，每一个体系在设计之初都有着一定的原则。薪酬体系有原则，绩效管理体系也是如此。绩效管理体系遵循的相关原则（表2-4）。

表2-4　绩效考核原则

原则	具体内容
公开与开放	绩效管理系统必须建立在公开性、开放式的基础之上，确保每一位员工对绩效管理流程、标准和结果有清晰的了解
反馈与修改	及时反馈绩效管理结果，将正确的行为、方法、程序等坚持下来，发扬光大，将不足之处加以纠正和弥补
定期化与制度化	绩效管理是一个连续性的管理过程，必须定期化、制度化，确保评估的连续性和稳定性
可靠性与有效性	确保绩效评估标准的一致性和稳定性，提高评估结果的可靠性和有效性
可行性与实用性	绩效管理方案所需的时间、人力、物力、财力等要能够被使用者及其实施的客观环境和条件所允许

在遵循上述绩效管理体系原则的基础上，我们继续来看绩效考核管理体系制定的关键步骤（表2-5）。

表2-5　绩效考核管理体系制定步骤

管理步骤	步骤详解
梳理公司问题与目标	对公司高层、中层和基层员工进行访谈和交流，了解他们对绩效的期望和需求
	根据组织战略和业务目标，设定明确的绩效目标，如提高销售额、降低成本等
评估公司现状	根据了解的信息，评估当前现状是否适合做绩效管理
	制定详细的绩效评估流程，包括目标设定、绩效数据收集、评估、反馈和激励等环节
选择绩效管理模式	系统学习和研究各种绩效模式和工具，如平衡计分卡（BSC）、关键绩效指标（KPI）等
	选择适合所在行业和规模的绩效管理模式和工具

续表

管理步骤	步骤详解
规划绩效管理方案	撰写绩效管理制度和绩效实施的流程
	建立公司级、部门级和岗位级的绩效指标管控体系
建立绩效管理体系	将前面列出的步骤整合起来,形成一套适用于公司的绩效管理体系
	根据运行状况不断优化和完善绩效管理体系
建立绩效档案	记录员工的绩效评估结果、激励方案等信息
	为未来的绩效评估和改进提供依据

对于罗致来说,想要梳理公司问题和目标,就和公司每一个层级、岗位的员工进行交流,了解员工对绩效的期望和需求。很多人觉得制定公司绩效考核是公司管理者的事。然而,实际上并非如此,因为绩效考核管理是"鞭策"员工与企业共同进步的措施,需要公司全体员工共同参与制定和实施。

并且,制定任何公司体系时都需要在了解公司情况基础上进行思考,切忌好高骛远。罗致就属于脚踏实地开公司的老板,而定下"3个月拿下天使投资""半年上市"的李老板显然就是好高骛远,他所制定的绩效考核就完全是"考核",而不是"鞭策"与共同进步。

除此之外,在制定考核管理体系时最重要的就是通过科学的方式、科学的工具进行考核。很多应聘者都不喜欢进入家族式企业,原因很简单,就是家族式企业在考核管理过程中更多的是"随心所欲"。实际上,无论企业大小,都应该结合公司实际情况通过平衡计分卡(BSC)、关键绩效指标(KPI)等进行设计。

在制定考核管理体系这一环节,有很多的"坑"需要避开。比如,不要只关注考核环节而忽视管理环节,很多企业都进过这个坑,考核时定一个及格线，但只为了考核。前面我们已经说过，考核管理体系包含着考核和管理两方面含义，所以，作为公司管理者，一定要清楚绩效管理是一个包括考核、辅导、反馈和改进在内的完整运行过程。

另外，在制定环节一定要确保数据化，也就是说，每个指标都要符合具体、可测量、可达成、相关性、时限性原则，尤其是可测量，这也就要求企业在制定时多以数据为依据。加强数据收集与分析，确保能够及时、准确地获取与绩效指标相关的数据，为绩效管理提供有力的数据支持。

最后，我们要明白，一个企业的考核管理体系并不是一成不变的，而是随着企业的发展，企业绩效管理体系也要进行持续改进。比如，罗致的科技公司在半年达到了预期之后，就要提升考核管理线。这就好比一个学生第一次考了60分，给自己定了个努力的分数线75分，在考到75分时就会将预期分数线提升到90分，一步步地去接近满分；当然，该生考到了75分时将预期分数线提升到90分，却发现压力太大，为了自己的身心健康也可以做一些调整，如降低5分。所以，定期评估绩效管理体系的效果，发现问题并提出改进措施。只有这样，才能构建高效、公正、可持续的绩效管理体系，为组织的长期发展提供有力保障。

探究绩效管理中的关键工具与模型

绩效管理的关键工具与模型决定着绩效管理体系的科学性、客观性，并且，关键工具与模型在推动企业目标实现、提升员工绩效和组织效能方面发挥着至关重要的作用。

我们通过图2-1来直观地看一下关键工具与模型：

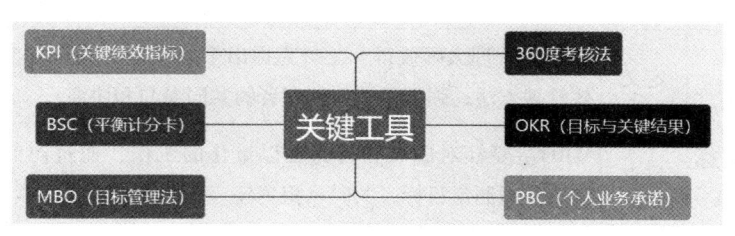

图2-1　绩效考核关键工具

我们先从定义、特点、应用等方面来看一下以上所述的六个工具（表2-6）。

表2-6　绩效考核工具

工具名称	定义/特点/应用	具体内容
KPI（关键绩效指标）	定义	KPI是衡量员工绩效表现的基础，关注对组织目标影响最大的关键绩效指标
	特点	KPI具有明确性、可衡量性、可达成性、相关性和时限性（SMART原则），能够确保员工的工作重点与组织的战略目标保持一致
	应用	通过设定明确的、可衡量的KPI，组织可以监控和评估员工的绩效，及时发现和解决问题，从而推动组织不断前进
BSC（平衡计分卡）	定义	BSC是一种综合性的绩效评价体系，通过财务、客户、内部业务流程、学习和成长四个维度来评价组织的业绩
	特点	BSC不仅考虑了财务因素，还包含了非财务因素；不仅关注外部客户，也考虑了内部因素；同时，它还平衡了短期效益和长期利益
	应用	BSC适用于大型企业或希望实现全面发展的组织，能够确保组织在追求财务目标的同时，也关注客户满意度、内部流程效率以及员工的学习和成长

35

续表

工具名称	定义/特点/应用	具体内容
MBO（目标管理法）	定义	MBO是管理大师彼得·德鲁克提出来并率先在GE公司实行的绩效管理方法，强调员工与管理者的共同参与和协商
	特点	MBO主要针对成果和行为难以量化的工作，通过协商达成共识，共同制定目标，共同承担责任
	应用	MBO适用于需要激发员工积极性和创造力的组织，通过设定明确、可衡量的目标，激发员工的工作动力
360度考核法	定义	360度考核法是对员工个人进行考核的方法，综合员工个人、员工上级、同事、下属和客户的全方位维度，从不同层次的员工中收集考核信息
	特点	360度考核法能够全面了解员工的绩效和表现，包括优点和不足，有助于员工个人成长和组织发展
	应用	360度考核法适用于需要全面了解员工绩效和表现的组织，特别是高层管理人员和关键岗位员工
OKR（目标与关键结果）	定义	OKR是目前比较流行的一种目标管理工具，强调目标（Objectives）与关键结果（Key Results）的设定和追踪
	特点	OKR具有明确的目标和可衡量的关键结果，透明性和可追踪性使得组织能够及时调整策略，确保目标的顺利实现
	应用	OKR适用于需要快速响应市场变化、追求创新和成长的组织，通过设定具有挑战性的目标和关键结果，激发员工的潜力和创造力
PBC（个人业务承诺）	定义	PBC是一种个人绩效管理工具，要求员工根据自己的工作职责和目标，制定具体的业务承诺
	特点	PBC承诺通常是可衡量的、具体的、有时间限制的，并且与组织战略目标紧密相连
	应用	PBC适用于需要明确员工个人责任和目标的组织，通过制定具体的业务承诺，确保员工为组织创造价值

第二章 绩效考核体系实战：深入岗位评价与绩效管理

每一种绩效工具都展开的话篇幅不够，所以，在这里我们以表格的形式简略地展现其定义、特点、应用，在后面的章节里会通过案例来具体阐述不同工具的应用；并且，以上的工具并不是单独使用，可以综合使用。

我们把KPI（关键绩效指标）、BSC（平衡计分卡）、MBO（目标管理法）、360度考核法、OKR（目标与关键结果）等放在一个案例中呈现。以罗致的科技公司为例，公司逐步走上正轨，为了提升企业的整体绩效和竞争力，公司决定引入先进的绩效考核工具，对各部门和员工进行更科学、更全面的绩效评估。公司首先根据战略目标，制定了各部门的KPI（关键绩效指标），比如销售部门的KPI包括销售额、市场份额、客户满意度等；生产部门的KPI包括生产效率、产品质量、成本控制等。

在KPI的基础上，进一步引入BSC（平衡计分卡）。平衡计分卡从财务、客户、内部业务流程、学习与成长四个维度来评估企业绩效。公司根据这四个维度制定相应的绩效指标和目标值，并将其分解到各个部门和员工。

不管是KPI还是BSC，都是基于具体的工作目标和责任，为了能够更加明确公司战略目标，采用的是MBO（目标管理法），不仅设置公司整体的战略目标，还有每个部门的目标以及分解为每个岗位的目标，通过目标的层层分解和落实，推进公司的发展。

对于公司而言，360度考核法使得公司的绩效评估更加客观和公正。员工也能够通过多个维度的反馈和评价，更加了解自己的优点和不足，从而制订相应的发展计划。

罗致通过将KPI、BSC、MBO、360度考核法、OKR等先进的绩效考

37

核工具引入企业的绩效评估体系中，使企业成功地提升了整体绩效和竞争力。这些绩效考核工具的应用也使得公司的绩效评估更加科学、全面和客观，员工也更加清楚自己的工作目标和责任。通过定期考核和反馈，公司能够及时发现绩效问题并采取相应措施进行改进，从而不断提升企业的整体绩效和市场竞争力。

关键工具比较多，但是关键模型就只有绩效管理模型和激励模型。

绩效管理模型包括目标管理环节、绩效考核环节和激励控制环节。目标管理环节的核心问题是保证组织目标、部门目标以及个人目标的一致性；绩效考核环节是绩效管理模型发挥效用的基础；激励控制环节则关注如何通过激励措施提高员工的工作积极性和绩效。

但是，激励模型是描述如何激发员工工作积极性和创造力的理论框架。激励模型在绩效管理中具有重要作用，通过设定合理的奖励和期望值，激发员工的工作动力和创新精神。这也就直接印证了我们制定绩效考核管理体系的核心理念，并不是"考"字，而是希望通过体系来提升员工绩效和组织效能，实现企业的可持续发展，提升企业的竞争优势。

简单来说，就好比一个班集体，学生成绩参差不齐，通过一些策略让班里同学的成绩都有所上升。当通过考核管理、激励方式，让每一位同学的成绩都有提升时，整个班的平均分也将提升。

精心设计绩效考核体系的策略

绩效考核体系在设计过程中,可以一掠而过,但也可以精心设计。罗致是一个做事非常细致的人,所以,作为公司的管理者,他还是希望公司的绩效考核体系能够经得起时间、经得起推敲,这就要求他在制定,或者说他在监督相关团队制定绩效考核体系时需要有策略。

很多时候我们会提及"策略"这个概念,那么什么是策略呢?策略就是指为实现特定目标而制定的一系列行动方案。

接下来,我们来看看构建高效、公正、可持续的绩效考核体系的策略。

涉及"策略",首先要提及目标和原则,以上几节内容也一直在提及目标与原则。比如,绩效考核管理体系的目标一定要与企业战略目标紧密结合,两个目标一定要具有一致性。当然,建立科学的考核标准和流程,确保考核结果的公平性和公正性都属于制定原则。

此外,构建考核指标体系还需要多个维度,我们大概看一下(表2-7)。

表2-7 绩效体系

指标体系	具体内容
财务指标	关注企业的盈利能力、运营效率、成本控制等关键财务指标
客户指标	衡量客户满意度、忠诚度、市场份额等与客户相关的绩效指标
内部业务流程指标	关注企业内部流程的效率、质量、创新等方面的指标
学习与成长指标	评估员工的学习能力、职业发展、团队协作等方面的指标

因为文字上的表述比较简单，我们举一个企业的例子，来看一下具体的指标制定（表2-8）。

表2-8　绩效考核的具体指标

一、财务指标	
考核指标	数据示例
销售额	本季度销售额为1亿元，同比增长20%
净利润	本年度净利润为5 000万元，同比增长15%
成本节约率	通过优化采购流程，本年度成本节约率为10%
毛利率	本季度毛利率为30%，较去年同期提高5个百分点
资本回报率	本年度资本回报率为20%，高于行业平均水平
二、客户指标	
考核指标	数据示例
客户满意度	通过调查问卷，客户满意度为90%
客户投诉率	本季度客户投诉率为2%，较去年同期下降1个百分点
客户保留率	本年度客户保留率为80%，较去年同期提高5个百分点
新客户获取率	本季度新客户获取率为15%，较去年同期提高3个百分点
三、内部业务流程指标	
考核指标	数据示例
生产效率	本月生产线生产效率为90%，较上月提高5个百分点
质量合格率	本季度产品质量合格率为98%，较去年同期提高2个百分点
设备利用率	本月设备利用率为85%，处于较高水平
员工满意度	通过员工调查问卷，员工满意度为85%，较去年同期提高5个百分点
四、学习与成长指标	
考核指标	数据示例
员工培训参与率	本年度员工培训参与率为90%，较去年同期提高10个百分点
创新项目数量	本年度企业创新项目数量为10个，较去年同期增加3个项目
知识分享活动参与度	本月知识分享活动参与度为70%，较上月提高15个百分点
技能提升百分比	通过培训和学习，员工技能提升平均达到10%

大家能够通过表 2-8 更好地了解指标的制定，在指标制定之后，就是设计出合理的考核流程。

图2-2 绩效考核流程

考核树上面的三个点其实是融入在制定绩效考核管理体系的过程中，你不会单独拎出来，但一定是在制定体系时会考虑到的重点。

为什么要明确考核周期？因为考核不是一蹴而就的，而是一个需要持续改进的过程，所以，在制定绩效考核时，一定有一个时期限制。公司在发展初期与发展中期对员工的考核要求必然不同，明确考核周期对于确保考核的及时性与有效性、适应不同行业与岗位的需求、促进员工个人与企业的共同发展以及增强考核的公平性与公正性等方面都具有重要意义。因此，企业在制定绩效考核体系时，应充分考虑考核周期的选择和确定。

此外，选择考核方法与制订考核计划是为了确保绩效考核体系的科学性、准确性、公正性和实用性，从而激发员工的工作积极性、优化人力资源配置、提高组织效率，并推动企业的可持续发展和创新。

在制定绩效考核管理体系时，除了应该遵循原则、按照专业的方式进行设计之外，还有三点非常重要（表2-9）。

表2-9 制定绩效考核体系

制定方式	关键点	具体内容
加强沟通与反馈	搭建绩效沟通平台	建立畅通的沟通渠道，加强员工与管理层之间的沟通与反馈，确保员工了解考核标准和流程，同时能够及时反映问题和意见
	实时反馈考核结果	将考核结果及时反馈给员工，帮助他们了解自己的工作表现和需要改进的地方，同时提供改进的建议和支持
完善奖惩机制	设定激励措施	通过薪酬奖励、晋升机会、培训发展等激励措施，激发员工的工作动力和创新精神
	实施惩罚措施	对于绩效不佳的员工，采取适当的惩罚措施，如警告、降薪、降职等，以促使其改进工作表现
持续优化与改进	动态调整考核指标	根据企业战略和市场环境的变化，及时调整考核指标和权重，保持绩效考核的时效性和准确性
	技术升级	运用大数据、人工智能等先进技术，提高绩效考核的自动化、智能化水平，提高考核效率和准确性
	关注员工需求	关注员工在使用绩效考核系统过程中的需求和反馈，优化系统界面和功能，提高用户体验
	个性化考核	根据不同部门、岗位和员工的特性，实现个性化考核方案的设计和实施，以更好地适应员工的需求和企业的战略目标

最后，我们来总结一下：精心设计绩效考核体系，需要从明确目标与原则、构建多维度的考核指标体系、设计合理的考核流程、加强沟通与反馈、完善奖惩机制以及持续优化与改进等多个方面入手。通过这些策略的实施，企业可以构建出高效、公正、可持续的绩效考核体系，为企业的持续发展和竞争优势提供有力保障。

构建与优化关键业绩指标的艺术

有一句话说得很好,"KPI 没问题,出问题的,是不会定 KPI 的人"。

所以,这一节我们讲一下构建与优化关键业绩指标的艺术,就是做一个会定 KPI 的人。

现实职场中都是用 KPI 来衡量一个员工,二三十年前大家的工资都是一刀切,现在大部分岗位的工资都是和 KPI 挂钩。一些知名大企业,比如华为,绩效考核一直以来都是以 KPI 为主。所以,作为企业管理者,不能去质疑 KPI 的重要性。

不过,构建与优化关键业绩指标(KPI)是一项既具科学性又需艺术性的任务,它要求管理者深入理解企业战略目标,精准把握各部门和岗位的职责,以及能够灵活运用各种绩效管理工具和方法。我们从设计、优化、实施与监控三个方面来看(表2-10)。

表2-10 关键业绩指标

关键	原则	特点	具体内容
设计KPI	遵循SMART原则	具体(Specific)	KPI应明确具体,避免模糊或笼统地描述
		可衡量(Measurable)	KPI应具有明确的衡量标准,以便能够量化评估
		可达成(Achievable)	KPI应具有挑战性,但同时也是可实现的,以避免员工感到沮丧或失去动力
		相关性(Relevant)	KPI应与企业的战略目标紧密相连,确保员工的努力能够推动整体战略的发展

续表

关键	原则	特点	具体内容
设计KPI	遵循SMART原则	时限性（Timebound）	KPI应设定明确的时间限制，以使员工能够在规定的时间内完成目标
	确定指标类型	数量指标	如销售额、产量等，用于衡量企业的产出或规模
		质量指标	如客户满意度、产品质量等，用于衡量企业的产品或服务质量
		成本指标	如成本节约率、单位生产成本等，用于衡量企业的成本控制能力
		时限指标	如项目完成时间、交货周期等，用于衡量企业的运营效率
	考虑平衡性		在设计KPI时，企业应确保各个关键绩效领域之间的平衡
			同时，企业还应考虑长期与短期目标的平衡，以确保可持续发展
优化KPI	定期审查与调整		企业应定期对KPI进行审查，以确保它们仍然与战略目标保持一致
			随着市场环境的变化和企业的发展，某些KPI可能会变得不再适用或需要调整
	收集反馈与改进		企业应鼓励员工提供关于KPI的反馈意见，以便了解它们的实际效果和存在的问题
			通过收集反馈并进行分析，企业可以不断改进和优化KPI体系，使其更加符合实际需求
	关注员工发展		在优化KPI时，企业应关注员工的发展需求
			同时，企业还应为员工提供必要的培训和支持，帮助他们实现个人目标并为企业创造更大的价值
实施与监控	制订实施计划		在确定了KPI后，企业应制订详细的实施计划，包括时间表、责任分配和预算等。
			实施计划应确保所有相关部门和员工都了解并遵守KPI体系的要求。
	建立监控机制		企业应建立有效的监控机制来跟踪KPI的完成情况。
			监控机制应能够及时发现并解决潜在的问题或挑战，以确保KPI体系的顺利运行。
	强化沟通与协作		在实施KPI体系的过程中，企业应加强与员工之间的沟通和协作。
			通过加强沟通和协作，企业还可以更好地了解员工的需求和期望，从而为他们提供更加有针对性的支持和帮助。

这里，以华为为例。华为一直以 KPI 作为主要绩效考核工具，华为公司的 KPI 考核体系主要由以下三个部分组成。

第一部分，业务目标。这是 KPI 考核体系的基础，它要求员工明确自己的工作目标，并确保这些目标与企业的战略目标保持一致。业务目标通常包括销售额、市场份额、客户满意度等关键指标。

第二部分，工作行为。除了业务目标外，华为还关注员工的工作行为，如工作态度、团队协作能力、创新能力等。这些行为指标有助于评估员工的综合素质和潜力。

第三部分，个人发展。华为还鼓励员工关注个人成长和发展，将个人发展目标纳入 KPI 考核体系。这有助于激发员工的工作积极性和创造力，促进员工的职业发展。

在制定 KPI 时，华为遵循 SMART 原则，即具体、可衡量、可达成、相关性和时限性。并且，根据企业发展进度、发展现状，华为需要权衡短期业绩和长期发展的关系，确保 KPI 指标既能够反映当前业绩，又能够引导员工关注企业的长期发展。

由此可见，华为公司的 KPI 考核体系是一个完整的绩效管理体系，它通过将企业战略目标分解为具体的 KPI 指标，并落实到各个部门和员工身上，实现了对企业业绩和员工绩效的有效评估和管理。同时，华为还注重绩效反馈和改进工作，不断完善 KPI 考核体系，以适应市场环境的变化和企业的发展需求。这一体系为华为的可持续发展和竞争力提升提供了有力保障。

其实，不管是什么类型的企业，我们都可以学习华为公司 KPI 考核体系的制定细节，通过明确战略与目标、设计关键业绩指标、沟通与共识、持续优化与调整、关注员工发展与激励、注重艺术与平衡以及利用先进技术等措施，可以构建出既符合企业战略要求又能够激发员工工作积极性的 KPI 考核体系。

绩效考核案例解析

这一节我们依然以罗致创办之源科技有限公司为例，讲一下之源科技有限公司如何根据公司的整体战略目标、部门的业务重点以及个人的职责范围等来制定绩效考核。以下是一些常见科技岗位及其可能的 KPI 示例（表2-11）。

表2-11 各岗位具体KPI

岗位	岗位要求	具体内容
研发岗位	项目按时交付率	衡量团队按时交付项目的能力，确保产品快速上线
	代码质量	评估代码的运行效率、安全性、可读性和可维护性等，反映研发人员的专业技能水平和工作态度
	技术创新性	鼓励团队在项目中引入新技术和工具，提升产品的技术竞争力
	团队协作	评估团队成员之间的沟通合作能力，确保项目顺利进行
	个人技能提升	鼓励研发人员不断学习和掌握最新的技术知识，提升个人技能水平
销售岗位	销售额	衡量销售人员在特定时期内通过销售活动实现的总收入
	销售增长率	显示销售额随时间的增长情况，评估销售绩效和市场渗透能力
	客户获取成本（CAC）	衡量在吸引新客户时平均所需的投资额，评估营销和销售活动的效率
	客户留存率	指在一定时间内保持客户关系的比例，高留存率意味着客户满意度高

续表

岗位	岗位要求	具体内容
销售岗位	转化率	衡量在接触潜在客户后成功转化为实际购买行为的比例，评估销售团队的成交能力和销售流程的有效性
人力资源岗位	招聘完成率	衡量人力资源部在一定时间内完成招聘任务的比例
	招聘质量	评估新员工的素质和适应岗位的能力，以及离职率
	人才保留率	通过分析员工的离职率，了解人力资源部在留住人才方面的表现
	培训课程完成率	评估人力资源部为员工提供培训的覆盖面和完成情况
	员工满意度	通过调查问卷了解员工对培训、工作环境、薪酬福利等方面的满意度
财务岗位	报告及时性	财务报告在截止日期前完成的及时性
	现金流入/流出	监控现金流入和流出的频率和金额，确保公司资金流的稳定
	成本节约率	通过成本控制措施实现的成本节约与预算的比率
	预算达成率	实际业绩与预算的对比，评估财务部门的预算管理能力
	税务审计次数与结果	衡量税务合规性和审计效率，避免税务风险
市场岗位	市场份额	衡量公司在市场中的竞争地位
	品牌知名度	通过市场调研、广告投放等活动提升品牌知名度
	客户满意度	通过客户反馈、市场调研等方式了解客户对产品和服务的满意度
	营销活动策划与执行	评估市场活动的策划、执行和效果，确保营销活动达到预期目标
	渠道拓展与维护	拓展新的销售渠道，维护与现有渠道的良好合作关系
客服岗位	客户满意度	通过客户反馈、投诉处理等方式了解客户对服务的满意度
	问题解决率	衡量客服人员解决客户问题的能力和效率
	响应时间	从收到客户请求到给出回应的时间，评估客服人员的响应速度
	客户留存率	通过提供优质服务，提高客户对公司的忠诚度和留存率
	服务创新	鼓励客服人员在日常工作中不断寻求服务创新，提升客户体验

公司不同岗位都有单独的 KPI，通过 KPI 制定绩效奖金。比如，在一

个公司里，管理层的绩效奖金是 900 元；技术类岗位的绩效奖金是 600 元；普通文员的绩效奖金是 300 元。公司每个层级又分为不同的档次 A（90~100 分）、B（80~90 分）、C（70~80 分），不同的评分标准对应不同的奖金比例。

管理层的奖金是 900 元，分 A、B、C。如大刘在绩效考核中获得的成绩是 A，那么他能拿到的绩效奖金就是 900 元 ×（90%~100%）；小林在绩效考核中的成绩是 C，那么他能拿到的绩效奖金就是 900 元 ×（70%~80%），以此类推。

因为公司岗位的职责、所需技能不同，设定的 KPI 自然也就不同，工作内容、强度、责任、技能等也不同，但也有一部分是重合的，我们简单总结一下，公司各个岗位绩效考核重合部分包括以下四点。

第一点，工作纪律。考察员工的日常工作考勤情况，如迟到、早退、请假等。

第二点，工作态度。评估员工的思想素质、事业心、工作责任感和服务精神等。

第三点，工作能力。包括员工的业务知识水平、表达能力、分析能力、组织协调能力以及工作经验等。

第四点，工作水平。根据员工的工作数量、工作质量、工作效率和工作效益等方面进行综合评估。

所以，罗致对公司各部门、各岗位的绩效考核设计都是从纪律、态度、能力、水平四个方面介入，然后，再根据具体的岗位要求制定不同的 KPI。这样制定系统，能够明确绩效考核的目的、适用范围、职责、内容、方法和时间，是一个相对完善的绩效考核体系。并且，管理者通过 KPI 的设定，能够将企业的战略目标转化为员工的个人目标，从而激发员工的工作积极性。

第三章
不同岗位员工的绩效考核与薪酬激励机制

这一章，我们主要来具体地介绍一下不同岗位员工的绩效考核与薪酬激励机制。不同岗位员工的绩效考核与薪酬激励机制是企业人力资源管理的核心环节，它直接关系到员工的工作积极性、创造力和企业的整体绩效。针对不同岗位的特点和要求，企业应设计差异化的绩效考核标准和薪酬激励机制。

高层管理者的绩效评估与薪酬激励策略

一个企业高层管理者,通常指的是在组织结构中处于最高或较高层级,负责制定和执行公司整体战略决策的人员。他们的工作直接影响到企业的长期发展、市场定位、资源配置以及文化塑造。

我们先来看一下企业高层管理者都包括哪些管理岗位(表3-1)。

表3-1 企业高层管理岗位

职位名称	职责
首席执行官(CEO)	负责公司的整体运营和管理,包括制定战略、监督执行、管理资源、确保公司盈利等
首席运营官(COO)	负责公司的生产、销售、物流等运营部门,并优化业务流程
首席财务官(CFO)	管理公司的财务事务,包括预算编制、财务报告、投资决策、风险管理等
首席技术官(CTO)	负责公司的技术研发和创新,确保公司的技术领先性和竞争力
首席人力资源官(CHRO)	负责公司建立畅通的沟通渠道和有效的激励机制
首席营销官(CMO)	负责公司的市场营销和品牌建设,制定营销策略,提高品牌知名度和市场份额
首席信息官(CIO)	负责公司的信息技术管理和信息系统建设,确保公司的信息安全和数字化转型
首席法务官(CLO)	负责公司的法律事务,包括合同审查、法律诉讼、合规管理等
首席供应链官(CSCO)	负责公司的供应链管理和采购策略,优化供应链流程,降低成本,提高供应链效率

你也许会有一些疑惑，这些"C"开头的职务还需要什么绩效考核管理、激励政策，他们是企业内部制定管理策略的人。实际上，在企业管理流程中，即便是高层管理者也需要绩效评估和薪酬激励。

我们以表格的形式来看一下一些岗位高层的绩效评估与薪酬激励策略（表3-2至表3-7）。

表3-2　运营总监绩效考核量表

姓名		岗位	运营总监	所属部门	
考核人				考核期限	
指标维度	KPI指标	权重	指标计算/说明	考核得分	
财务	预算收入完成率	15%	实际收入/预算收入×100%		
	净资产收益率	10%	净利润/平均净资产×100%		
	资产负债率	10%	负债总额/资产总额×100%		
	净利润	10%	在利润总额中按规定交纳了所得税后公司的利润留成		
	总成本支出	10%			
内部运营	营业额增长率	15%	本年度销售额-上年度销售额/上年度销售额×100%		
	全员劳动生产率	10%	销售收入/全员人数×100%		
客户	市场占有率	5%	当期企业某种产品的销售额（销售量）/当期该产品市场销售总额（销售量）×100%		
	客户满意度	5%	客户通过对一种产品可感知的效果与其期望值相比较后得出的指数		

续表

姓名		岗位	运营总监	所属部门	
考核人				考核期限	
指标维度	KPI指标	权重	指标计算/说明	考核得分	
学习与成长	核心员工流失率	5%	在一定时期内企业流失的核心员工数占该时段内核心员工人数的比例		
	培训计划完成率	5%	实际完成的培训项目数（次数）/计划培训的项目数（次数）×100%		
考核得分总计					
考核实施说明	设立"核心员工流失率"此项考核指标的目的在于保证公司人才的稳定性				
被考核人签字： 日期：		考核人签字： 日期：		复核人签字： 日期：	

表3-3 采购总监绩效考核量表

姓名		岗位	采购总监	所属部门	
考核人				考核期限	
指标维度	KPI指标	权重	指标计算/说明	考核得分	
财务	采购成本	10%			
	采购成本降低率	5%	上期采购成本-本期采购成本/上期采购成本×100%		
	物资交货延迟损失	10%	因采购原因造成的停工待料损失、加班损失、紧急运输费用等损失		
	采购费用率	10%	采购费用/采购总金额×100%		
内部运营	采购计划完成率	15%	完成的采购项目数/计划采购的项目数×100%		
	采购物资质量合格率	10%	质量合格的采购批次/采购总批次×100%		

续表

姓名		岗位	采购总监	所属部门	
考核人				考核期限	
指标维度	KPI指标	权重	指标计算/说明	考核得分	
客户	物资采购及时率	5%	规定时间内完成的采购订单数/下达的采购订单总数×100%		
	供应商履约率	10%	已履行的合同数/签订的合同数×100%		
	优秀供应商比率	5%	优秀供应商数量/供应商总数×100%		
	客户投诉次数	5%	考核期内，生产部及其他物料需求部门对采购部工作的投诉次数		
学习与成长	核心员工流失率	5%	在一定时期内企业流失的核心员工数占该时段内核心员工人数的比例		
	培训计划完成率	5%	实际完成的培训项目数（次数）/计划培训的项目数（次数）×100%		
考核得分总计					
考核实施说明	1.关于"采购费用率"指标 企业需对"采购费用率"这项指标中的采购费用做出明确的规定，一般来讲，采购费用含工资、运费、差旅费等。 2.关于"采购物资质量合格率"指标 该指标除了上表中的这种计算方式外，还可以采用如下计算方法： 采购物资质量合格率=考核期内的采购物资总量−质量不合格的物资数量/考核期内所采购物资的总量×100%				
被考核人签字： 日期：		考核人签字： 日期：		复核人签字： 日期：	

53

表3-4 技术总监绩效考核量表

姓名		岗位	技术总监	所属部门	
考核人				考核期限	
指标维度	KPI指标	权重	指标计算/说明	考核得分	
财务	研发费用率	5%	研发费用/销售收入×100%		
	技术改造费用比重	5%	技术改造费用/产品销售收入×100%		
内部运营	技术改造计划完成率	15%	完成的技术改造项目数/计划完成的技术改造项目数×100%		
	重大技术改造项目完成数	15%	考核期内完成重大技术改造的项目数		
	研发项目时完成率	15%	开发实际周期/开发计划周期×100%		
	技术故障率	5%	技术出现故障时长/技术使用时长×100%		
	重大技术失误次数	10%			
客户	技术服务满意率	5%	评委满意的技术服务次数/提供技术服务的总数×100%		
学习与成长	对外技术交流次数	5%	考核期内,被考核者与外部企业、科研单位、行业学会等进行技术交流、沟通的次数		
	专利拥有数	10%	包括专利申请数和专利授权数两部分内容		
	核心员工流失率	5%	在一定时期内企业流失的核心员工数占该时段内核心员工人数的比例		
	培训计划完成率	5%	实际完成的培训项目数（次数）/计划培训的项目数（次数）×100%		
考核得分总计					

续表

考核实施说明	一般来说，研发费用率越高，说明企业对研究开发工作的重视程度越高，从某种程度上也可以说该企业的创新能力越强		
被考核人签字：　　日期：	考核人签字：　　日期：		复核人签字：　　日期：

表3-5 市场总监绩效考核量表

姓名		岗位	销售总监	所属部门	
考核人				考核期限	
指标维度	KPI指标	权重	指标计算/说明	考核得分	
财务	市场推广费用控制率	10%	实际推广费用/计划推广费用×100%		
	广告费用占销率	5%	广告费/销售额×100%		
内部运营	市场调研计划完成率	10%	实际完成市场调研数量/计划完成市场调研数量×100%		
	市场拓展计划完成率	10%	市场拓展计划实际完成量/计划完成量×100%		
	大型公关活动次数	5%	以公共关系为传播目的，有计划地组织实施大型企业公关活动的次数		
客户	市场占有率	15%	当期企业某种产品的销售额（销售量）/当期该产品市场销售总额（销售总量）×100%		
	市场信息反馈率	10%	市场信息反馈量/企业规定的应反馈的信息量×100%		
	媒体正面曝光次数	10%	在公众媒体上发表的正面宣传公司的新闻报道及宣传广告的次数		

续表

姓名		岗位	销售总监	所属部门	
考核人				考核期限	
指标维度	KPI指标	权重	指标计算/说明	考核得分	
客户	品牌预购率	10%	未来一年内预购某品牌产品的人数（家庭数）/未来一年内预购该品类产品的人数（家庭数）×100%		
学习与成长	核心员工流失率	5%	在一定时期内企业流失的核心员工数占该时段内核心员工人数的比例		
	培训计划完成率	5%	实际完成的培训项目数（次数）/计划培训的项目数（次数）×100%		
考核得分总计					
考核实施说明	品牌预购率可以用来衡量某一品牌在将来一段时间的竞争力				
被考核人签字： 日期：		考核人签字： 日期：		复核人签字： 日期：	

表3-6 销售总监绩效考核量表

姓名		岗位	销售总监	所属部门	
考核人				考核期限	
指标维度	KPI指标	权重	指标计算/说明	考核得分	
财务	销售收入	10%			
	新产品销售收入	10%			
	销售毛利率	10%	销售收入−销售成本/销售收入×100%		
	销售回款率	10%	本期实收销售款/本期销售收入×100%		
	销售费用率	10%	销售费用/销售收入×100%		

续表

姓名		岗位	销售总监	所属部门	
考核人				考核期限	
指标维度	KPI指标	权重	指标计算/说明	考核得分	
内部运营	销售计划完成率	15%	实际完成销售额或销售量/计划完成销售额或销售量×100%		
	销售增长率	10%	本期销售收入−上期销售收入/上期销售收入×100%		
	退货率	5%	退货数量/经销商销售数量×100%		
客户	市场占有率	5%	当期企业某种产品的销售额（销售量）/当期该产品市场销售总额（销售总量）×100%		
	大客户保有率	5%	（1−考核期内大客户流失数/企业的大客户总数）×100%		
学习与成长	核心员工流失率	5%	在一定时期内企业流失的核心员工数占该时段内核心员工人数的比例		
	培训计划完成率	5%	实际完成的培训项目数（次数）/计划培训的项目数（次数）×100%		
考核得分总计					
考核实施说明	在计算退货率时，需对退货的产品进行清晰的界定，如是将质量不合格的产品或受到损坏的产品计算在内还是将其排除在外				
被考核人签字： 日期：		考核人签字： 日期：		复核人签字： 日期：	

表3-7 财务总监绩效考核量表

姓名		岗位		财务总监	所属部门	
考核人					考核期限	
指标维度	KPI指标	权重	指标计算/说明		考核得分	
财务	资产负债率	15%	负债总额/资产总额×100%			
	财务预算达成率	10%	实际支出/预算支出×100%			
	财务费用降低率	10%	账务费用降低额/账务费用预算额×100%			
	应收账款周转率	5%	应收账款回收额/应收账款平均余额×100%			
	应收账款回收率	5%	应收账款回收额/应收账款占用及发生额×100%			
内部运营	融资计划完成率	15%	实际融资数额/计划融资的数额×100%			
	账务处理及时率	10%	账务及时处理次数/账务处理总次数×100%			
	会计核算差错率	10%	核算差错笔数/核算业务笔数×100%			
客户	公司内外部客户投诉次数	5%				
	部门协作满意度	5%				
学习与成长	核心员工流失率	5%	在一定时期内企业流失的核心员工数占该时段内核心员工人数的比例			
	培训计划完成率	5%	实际完成的培训项目数（次数）/计划培训的项目数（次数）×100%			
考核得分总计						

续表

考核实施说明	应收账款回收率指标能够真实、准确地反映企业应收账款的变现速度。该指标越高，说明客户付款及时、企业收款迅速、企业资产流动性强、偿债能力强		
被考核人 签字：　　日期：	考核人 签字：　　日期：		复核人 签字：　　日期：

通过上述六表我们能够清楚地看出一个规律，那就是在制定绩效考核时，都是从各岗位的财务、内部运营、客户及学习与成长几个方面入手，通过对这几个方面的考核来衡量高层管理者是否具有相应的能力。

我们在第二章说过绩效考核的目的不仅仅是"卡"住员工，而是要主动推着员工前进。想要推动员工前进，就一定要有激励政策，那么对于企业高层管理人员，该怎样设计出一套合理的激励政策呢？

在设计薪酬激励政策之前，应先来了解一下高层管理人员的薪资构成：

一般来说，企业的高层管理者薪资采用年薪制，而年薪收入有以下两种模式：

模式一：年薪收入 = 基本年薪 + 效益年薪 + 奖励年薪

模式二：年薪收入 = 基本年薪 + 效益年薪 + 长期激励 + 福利津贴

这里我们还是要提一下年薪制，年薪制一般是以一年作为企业的一个生产周期，它能够比较好地体现经营者的工作特点。此外，年薪制也能够将经营者的收入与工作业绩直接挂钩，增强责任感，从机制上来说就是让高层管理者能够与企业老板共享利益、共担风险。

那么，对于企业高层管理者，具体的薪酬激励政策有哪些呢？

第一，就是在基本年薪的基础上要有一个效益年薪。顾名思义，效益年薪是根据企业的年度经营业绩、企业效益来定，效益年薪也是按照之前设定的计算方法付给高层管理者，这一部分薪酬不是固定薪酬，而是按照每年企业收益、企业利润计算后纳入总年薪。关于效益年薪，可参考以下公式（表3-8）。

表3-8 效益年薪公式

效益年薪的确定	相关说明
效益年薪=基本薪酬×倍数×考核指标完成系数	效益年薪=基本薪酬×3×（0.4×利润增长率+0.6×净资产增长率）
效益年薪=超额利润×比例系数×考核指标完成系数	侧重于依据绩效指标的完成情况来确定经营者的风险年薪，这使得它更具备绩效薪酬的性质

不过，企业在制定效益年薪时需要注意，效益年薪一定是要高于基本年薪的，并且原则上是按照上不封顶、下不保底来制定，因为是要按照每年企业的收益来定。企业年收益高，效益年薪就高；企业年收益低，效益年薪就低。

第二，就是长期激励，一般来说，长期激励分为股票期权、福利设计等。不过对于目前大多数公司来说都是以股票期权为主，大概有以下四种形式（表3-9）。

表3-9 长期激励

激励方式	细节	具体内容
赠送股份	期初赠送	在期初向高层管理人员赠送一定数量的本公司股票
	期末赠送	根据一定期限内的公司业绩，向高层管理人员赠送一定数量的股票
虚拟股票		给高层管理人员在一定期限内购买名义股票而非股票的期权
股票期权		经营者以一定的当前成本获得未来某一时间、按某一约定价格，卖给高层管理人员一定数量股票的权利
限制性股票		向高层管理人员赠送股票，但获得股票的高层管理人员对股票的拥有权受到一定条件的限制

在大概了解之后，我们将高层管理者的绩效评估与薪酬激励策略做成

一个模板，大致所涉及内容可以参考表3-10。

表3-10　运营总监绩效评估与薪酬激励政策模板

运营总监考核与薪酬激励方案			
一、目的	为了激励目标责任人更好地实现公司年度的各项经营目标，特制定本激励方案		
二、考核期限	＿＿＿＿年＿＿＿＿月＿＿＿＿日至＿＿＿＿年＿＿＿＿月＿＿＿＿日		
三、薪资待遇	1．公司将运营总监一职的年薪设定为＿＿＿＿万元，其中＿＿＿＿%属于基本年薪，按月度平均发放，剩余＿＿＿＿%是绩效年薪，依据员工年终考核结果于年底发放		
	2．考核期内，目标责任人的相关福利按照公司有关规定执行		
	3．考核期内，公司每月的＿＿＿＿日为员工发放上个月的工资，绩效在年终考评后一次性发放		
四、目标与考核	对运营总监的考核，按照之前考核表格进行考核		
五、超额激励奖	目标责任人在完成了公司下达的上述考核指标的基础上，若净利润指标值超出目标值＿＿＿＿%，公司将会给予目标责任人＿＿＿＿作为奖励		
六、薪酬兑现	1．基本薪酬及其他奖励按照既定的标准计发		
	2．绩效薪酬发放标准	（1）年度考核得分在91~100分之间者，浮动工资予以全额发放	
		（2）年度考核得分在81~90分之间者，浮动工资按85%的比例发放	
		（3）年度考核得分在71~80分之间者，浮动工资按75%的比例发放	
		（4）年度考核得分在61~70分之间者，浮动工资按65%的比例发放	
七、附则	1．本公司在生产经营环境发生重大变化或发生其他情况时，有权对本方案做出修改		
	2．本方案未尽事宜在征求公司总裁意见后，由公司另行研究确定解决办法		
编制日期：	审核日期：	实施日期：	

通过上述绩效评估与薪酬激励策略，可以有效提升高层管理者的绩效，促进公司整体目标的实现。

采购专员的绩效考核体系与薪酬激励方案

采购岗位的工作目标是及时跟进所负责采购物资的市场行情及价格变动情况，以及保证企业生产所需的物资得到及时供应。同时采购岗位的员工要做到货比三家，努力为公司降低采购成本，更要不断开发适合的供应商。以上就是采购人员的工作目标，在工作目标的基础上，我们来讲一下采购岗位的绩效考核管理以及薪酬激励策略。

我们先来看（表3-11、表3-12）。

表3-11　采购岗位绩效考核量表

姓名		岗位	采购	所属部门	
考核人				考核期限	
指标维度	KPI指标	权重	绩效目标值	考核得分	
采购任务目标	采购计划完成率	20%	达到100%		
	采购质量合格率	20%	达到100%		
采购成本管理	材料价格的合理性	15%	采购价格合理，在同等质量、同等采购条件下，其采购价格不得高出市场平均价格的_____%		
	采购成本	15%	采购成本总额控制在预算以内		
	采购资金占用率	10%	不得高于_____%		

续表

	供应商档案资料的完备性	10%	达到100%		
供应商管理	优秀供应商比例	10%	不得低于_____%		
考核得分总计					
考核实施说明	采购资金占用率=未投入生产的原材料占用的资金/同期投产总值×100%				
被考核人签字： 日期：		考核人签字： 日期：		复核人签字： 日期：	

表3-12 采购专员绩效考核量表

姓名		岗位	采购专员	所属部门	采购部
考核人			考核期限		
奖惩加减分	奖惩事由				
	加/减分				
1	采购信息收集的及时性与准确性	10%	未在规定时间内完成市场信息的收集工作，减_____分/次；收集的信息每有一次不实，减_____分		
	采购信息反馈的及时率	5%	每有一次未在规定时间内反馈，减_____分		
2	采购计划完成率	15%	每有一次延迟，减_____分		
	错误采购次数	10%	每出现一次，减_____分		
	采购物资及时到货率	10%	每超出规定时间一次，减_____分		
	采购物资质量合格率	15%	每低于目标值_____个百分点，减_____分		
3	采购价格的合理性	10%	在同等质量的条件下，每高出市场平均价格_____个百分点，减_____分		
	采购成本	10%	每超出预算_____个百分点，减_____分		

续表

4	新开发供应商数量	10%	每少于目标值＿＿＿个百分点，减＿＿＿分	
	供应商资料的完备性	5%	每缺失一项，减＿＿＿分	
考核综合得分				
考核者意见				
被考核人签字： 日期：		考核人签字： 日期：		复核人签字： 日期：

表3-11、表3-12都是对采购岗位员工的绩效考核量表，我们能够看出，对采购岗位的考核量化是以加/减分为衡量标准。每一项的加减分能够让公司更直观地看到员工的表现，让员工更直接地看到自己所欠缺的部分。

采购岗位员工的薪酬体系设计相对来说就比较简单，较为常见的模式为：基本工资＋绩效奖金＋津贴福利。

其中，基本工资的设定主要是以采购岗位员工的责任、工作复杂程度、技能知识、劳动强度以及学历为基准。比如，采购部的李华是本科学历，采购部的张欣只是专科毕业，在基本薪资上就体现出来了，李华的基本工资要比张欣高300元。

再来看一下绩效奖金，这个奖金是根据绩效考核表最终成绩来算，采购人员的绩效奖金包括月度绩效奖金和一次性奖金两种。月度绩效奖金就是根据考核量表中每个月完成的情况，但是一次性奖金包括最佳建议、节约奖等一次性发放的奖金。比如，李华和张欣，她们虽然学历起点不同，但是工作内容、工作强度、工作职责是一样的，绩效奖金看的是每个月两人的绩效考核。李华除了学历带给自己的300元之外，其绩效奖金和张欣完全一样，这也体现出该公司薪酬制度的公平、公正性。

最后就是津贴福利，津贴与福利是公司正式在册员工所能享受到的一种福利待遇，包括社保、公积金、交通补贴、通信补贴、饭补等。不过具体能够享受哪几项津贴福利还是由公司决定。

我们展示一个采购岗位的薪酬设计方案模板（表3-13）。

表3-13　采购岗位薪酬设计方案

采购部薪酬设计方案		
一、适用对象	本办法适用采购专员、采购助理（采购部经理除外）	
二、薪酬结构	结合采购岗位的工作特点，公司设计出的采购部员工的薪酬结构由如下三部分组成	
^	采购部员工工资收入=岗位工资+绩效奖金+福利津贴	
三、岗位工资设计	1. 岗位工资水平确定。采购部员工岗位工资水平的高低主要取决于如下两方面的因素。适用于本公司内的采购部职员，如采购主管、采购专员	（1）个体因素：以能力、贡献、责任为基础，按工作岗位和工作能力差异、服务年限、工作态度等因素确定工资级别
^	^	（2）综合因素：员工薪酬考虑人才市场行情、社会物价水平、公司支付能力等因素综合核定。通过工作评价及薪酬调查结果，公司确定各职位的岗位工资
^	^	采购部人员的岗位工资分为A、B、C、D四个级别，分别为＿＿＿＿元、＿＿＿＿元、＿＿＿＿元和＿＿＿＿元
^	2. 岗位工资调整。采购职员的岗位工资每年评定一次，根据年度考核结果来决定岗位工资的升降	
四、绩效工资设计	1. 月度绩效工资	
^	2. 年终奖，年度考核结果被评定为合格及以上者，均可获得本人＿＿＿＿倍岗位工资的年终奖励	
^	3. 一次性奖励，另外公司还根据采购人员的工作贡献、工作态度和对公司的忠诚度等条件，评出特殊贡献奖和一、二、三等奖，年终一次性奖励采购人员	

续表

四、绩效工资设计	4.有以下行为的，将不参与评奖	（1）故意刁难供应商，向其索取现金回扣或好处的
		（2）与供应商合谋欺骗公司利益的
		（3）有其他严重损害公司利益的行为
五、福利与津贴	1. 福利，采购部员工同公司其他员工一样，均可享受法定福利及公司提供的自主性福利。具体福利项目见公司《员工福利管理办法》		
	2. 津贴，采购人员外出采购，公司每月补贴餐费_____元，使用电话联系业务，每月公司补贴电话费_____元，交通费_____元		
六、补充说明	采购部员工因工资支付数额发生争议的，应当与采购经理及人力资源部沟通协商处理		
编制日期：	审核日期：	实施日期：	

通过模板我们了解到，采购专员的绩效考核体系与薪酬激励在企业管理中具有重要的作用和意义。它们共同作用于提高采购专员的工作效率、优化资源配置、增强企业的竞争力以及吸引和留住优秀人才等方面。因此，企业应重视采购专员的绩效考核与薪酬激励工作，不断完善和优化相关机制，以推动企业的可持续发展和进步。当然，这期间一定要定期收集反馈，对绩效考核体系和薪酬激励方案进行优化。

生产人员的业绩评价与薪酬激励机制

即便是对于生产人员，激励措施和绩效评估也都是企业管理中重要的一个环节，因为生产员工的工作直接影响了企业的生产效率和质量水平。所以，我们可以从五个方面对生产岗位员工进行评估。

一是根据任务完成的情况，简单来说，就是根据任务完成时间、任务质量、任务数量等完成情况对其进行评估；二是根据员工的专业知识和技能评估，比如通过定期考试、技能比赛等方式进行评估；三是工作态度的评估，就是对员工的工作态度进行评估，比如在工作时是否态度积极，能否与同事良好地合作等；四是对员工创新能力进行评估，例如，在工作中提出改进意见和创新方案，能否从技术方面解决目前生产所遇到的问题、困境等；五是通过实际业绩评估，比如产品质量指标、产量等，以准确的数据来评估员工业绩。

我们来看（表3-14、表3-15）。

表3-14 生产操作员绩效考核量表1

姓名		岗位	生产操作专员	所属部门	生产部
考核人			考核期限		
奖惩加减分	奖惩事由				
	加/减分				
1	生产任务完成率	30%	每低于目标值_____个百分点，减_____分		
2	废品率	15%	每高于目标值_____个百分点，减_____分		
3	返工率	15%	每高于目标值_____个百分点，减_____分		
4	违反生产操作规程次数	20%	每有一次，减_____分		
5	5S现场管理达标率	10%	每有一处不符合5S管理的要求，减_____分		
6	合理化建议数量	10%	合理化建议得到采纳，加_____分/条		
考核综合得分					
考核者意见					
被考核人签字：　　日期：		考核人签字：　　日期：		复核人签字：　　日期：	

表3-15 生产操作员绩效考核量表2

考核项目	考核内容	计分标准	考核得分
生产任务完成情况	生产计划完成率	每低于目标值____个百分点，减____分	
产品质量	产品交验合格率	每低目标值____个百分点，减____分	
	工艺标准的执行情况	擅自更改或不遵守标准作业程序，未造成损失者，减____分	
5S执行情况	工作现场、作业区域的整洁程度	作业区域脏乱差，减____分	
	劳保用品穿戴情况	进入车间未按生产要求进行着装，减____分	
	安全生产	违反操作程序，减____分	
设备使用与保养	设备使用情况	设备故障经认定为操作原因的，减____分；在设备处于非完好状态的情况下，不通知管理人员或未经管理人员允许而擅自操作者，减____分/次	
	设备保养	设备维护保养或点检记录未按时填写，减____分/次	
工作纪律	企业规章制度遵守情况	出现违反企业规章制度的行为，视情节严重程度，减____~____分	

对于生产人员的激励措施，我们从以下几个方面来制定。

首先是高效工作奖励制度，具体措施就是设立高效工作奖，根据员工在单位时间内完成的任务数量和质量来评选，奖励表现出色的员工。奖励可以是额外的奖金、假期奖励或其他形式的奖励。这一奖励机制能够激励员工更认真、更高效、更好地投入工作中。

其次，除了在高效工作上给予员工奖励，对于愿意加班的员工也可以实施奖励制度。不过按照劳动法，加班都应有相应的加班费用，因此对于愿意加班员工的奖励就可以替换为鼓励员工积极向上、乐于助人的奖励。

最后就是绩效奖金制度，根据员工的绩效为其发放相应的绩效奖金。绩效评估可以结合员工的完成任务数量、质量、效率、工作态度等多个指标进行综合评定。

综上所述，生产员工的激励和绩效评估方案是企业管理中不可或缺的重要环节。通过制定积极有效的激励措施和绩效评估方案，能够激发员工的工作热情和积极性，提高生产效率和质量水平，推动企业的可持续发展。企业应根据具体情况，合理调整和完善激励与评估的机制，以确保方案的有效性和公正性。最终，实施成功的激励和绩效评估方案将为企业带来巨大的发展潜力和竞争优势。

技术研发人员的绩效衡量与薪酬激励措施

技术研发人员的工作性质决定了他们对企业的创新能力和市场竞争力有着直接的影响。因此，建立科学合理的绩效衡量体系和薪酬激励机制对于激发他们的工作热情和创新能力至关重要。

我们以软件研发人员为例，看一下绩效考核量表（表3-16）。

表3-16　研发人员绩效考核量表

姓名		岗位	研发工程师	所属部门	
考核人				考核期限	
指标维度	KPI指标	权重	绩效目标值	考核得分	

续表

产品研发管理	新产品开发数量	40%	按计划全面完成	
	项目延期率	20%	不得高于_____%	
技术支持	技术问题解决率	20%	达到100%	
	技术服务投诉次数	10%	0次	
技术文档管理	技术文件编写的及时性与准确性	5%	文件编写及时、准确	
	技术文档整理的规范性	5%	技术资料有序归档，符合技术文件管理要求	
考核得分总计				
考核实施说明	项目延期率=项目实际执行天数−项目计划执行天数/项目计划执行天数×100%			
被考核人签字：　　日期：		考核人签字：　　日期：		复核人签字：　　日期：

需要注意的是，绩效衡量体系应当全面覆盖技术研发人员的工作内容。这包括但不限于项目完成情况、代码质量、创新贡献、团队协作、客户满意度以及技术难题解决能力等方面。通过设定明确的量化指标和定性评价标准，可以更准确地评估技术研发人员的工作表现。

实际上，一家企业的技术人员薪酬应该由以下几部分构成：

薪资总额 = 基本工资 + 工龄工资 + 知识价值 + 岗位工资

表3-17　研发人员薪资构成

薪资构成	具体内容
基本工资	公司规定专业技术人员的基本工资每月为_____元，公司每个员工都一样
工龄工资	员工工龄工资标准为_____元/年，即员工在公司工作每满一年按月计发_____元的工龄工资

续表

薪资构成	具体内容
知识价值	按照该公司的规定，专业技术人员的知识价值由学历、职称、科技成果、评优评先等四个付酬因素确定
岗位工资	按照不同的职务和不同的技术等级核定不同的月薪资档级，薪资档级以个人具备的基本能力、工作经验和工作成果来确定

薪资总额中基本工资、工龄工资、岗位工资都比较容易理解，那么什么叫作知识价值呢？

所谓知识价值应该从四个方面来理解：

表3-18 知识价值

价值分类	具体内容
学历价值	根据不同学历，发放不同的薪资
职称价值	按照不同职称等级发放不同的薪资
科技成果价值	两年内专业技术人员在企业的技术活动中取得的成果价值，根据取得成果的档次不同，核定不同的系数
评优评先价值	专业技术人员在年度专业技术职称考核和年度技术人员评选中被评为优秀科技工作者，按照不同的等级发放不同薪酬

所以，同时进入公司同岗位，拥有不同学历、不同职称的技术人员也会拿到不同的薪酬。

除此之外，对于技术人员一定要有明确的薪酬激励措施，并且要和绩效衡量结果密切相连。

再来看一下季度、年度绩效考核量表（表3-19、表3-20）。

表3-19 绩效考核量表1

工作内容	季度工作计划	完成情况
	时间安排	
新产品研发		
产品设计		

续表

工艺改进			
内部管理			
临时性工作			
考核情况	1.新产品研发工作中存在的问题		
	2.考核得分		
考核情况	1.产品设计工作中存在的问题		
	2.考核得分		
考核情况	1.工艺改进工作中存在的问题		
	2.考核得分		
考核情况	1.内部管理工作中存在的问题		
	2.考核得分		
考核情况	1.临时性工作完成情况		
	2.考核得分		
建议与要求			
考核结果等级	1.优秀（95分以上）：能出色完成任务
	2.好（80~95分）：完全胜任工作要求
	3.符合要求（60~80分）：能保质保量地完成工作任务
	4.尚待改进（60分以下）：离工作要求有一定的差距

表3-20　绩效考核量表2

被考核者		岗位		所属部门	
考核者		岗位		所属部门	
考核类别		考核内容		考核得分	
年终考核		工作业绩			
		工作能力			
		工作态度			
年终考核得分总计					
季度考核平均分					
年度考核得分总计					
绩效考核总评					
绩效改进意见					

续表

年度考核等级	优秀（95分以上）：能出色完成任务 好（80~95分）：完全胜任工作要求 符合要求（60~80分）：能保质保量地完成工作任务 尚待改进（60分以下）：离工作要求有一定的差距

根据业绩考核表，以基本工资、奖金、股权激励等多种形式，满足不同员工的需求，激励他们达到更高的工作标准。比如，对于完成关键项目或者有重大创新贡献的员工，可以给予额外的奖金或晋升机会。同时，长期激励计划如股权激励，可以增强员工对企业的归属感和忠诚度，促使他们更加关注企业的长期发展。

此外，对于技术岗位的员工来说，非金钱激励措施也不容忽视。提供专业培训、职业发展规划、灵活的工作安排以及良好的工作环境等，都能够有效提升技术研发人员的工作满意度和忠诚度。

由此可见，更有效的绩效衡量与薪酬激励体系应当是多元化的，既要注重短期的业绩评价，也要关注长期的个人成长和企业贡献。通过这样的管理体系，企业能够更好地激发技术研发人员的潜力，推动企业的创新和发展。

销售团队的绩效考核与薪酬激励政策

企业的销售团队从某种程度上说是企业发展的主要推动力，强大的销售团队能够推动企业更好地发展壮大，反之，如果销售团队不给力，企业将会面临寸步难行的处境。因此，对于销售团队的绩效考核和激励政策一定要做到位，既能够避免销售团队"钻空子"，又能够真正地起到考核团队能力，激励团队进步的作用。

先来看一下销售人员的考核量表（表3-21、表3-22）。

表3-21　销售岗位绩效考核量表

姓名		岗位	销售专员	所属部门	
考核人			考核期限		
奖惩加减分	奖惩事由				
	加/减分				
1	销售计划达成率	20%	每低于目标值_____个百分点，减_____分		
2	销售毛利率	10%	每低于目标值_____个百分点，减_____分		
3	销售回款率	15%	每低于目标值_____个百分点，减_____分		
4	销售费用率	10%	每高于目标值_____个百分点，减_____分		
5	新客户开发数量	15%	每少于目标值_____个单位，减_____分		
6	客户回访率	10%	每低于目标值_____个百分点，减_____分		
7	客户流失率	10%	每高于目标值_____个百分点，减_____分		
8	客户有效投诉次数	10%	每出现一起，减_____分		
考核综合得分					
考核者意见					
被考核人签字：　　　日期：		考核人签字：　　　日期：		复核人签字：　　　日期：	

表3-22　销售专员绩效考核量表

姓名		岗位	销售专员	所属部门	
考核人			考核期限		
奖惩加减分	奖惩事由				
	加/减分				
1	销售计划达成率	30%	每低于目标值_____个百分点，减_____分		
2	客单价	15%	每低于目标值_____个百分点，减_____分		
3	咨询转化率	15%	每低于目标值_____个百分点，减_____分		
4	下单成功率	15%	每低于目标值_____个百分点，减_____分		
5	平均响应时间	10%	超出公司规定的标准，减_____分		
6	客户投诉次数	15%	每有一起客户投诉，减_____分		
考核综合得分					
考核者意见					
被考核人签字：　　　日期：		考核人签字：　　　日期：		复核人签字：　　　日期：	

在进行销售人员薪酬体系设计时，我们先要了解销售人员的工作特点。

销售人员是企业从事销售业务的人员，他们具有明显的群体特征，相对于企业内部其他工作来说，其工作呈现出如图3-1所示的特点。

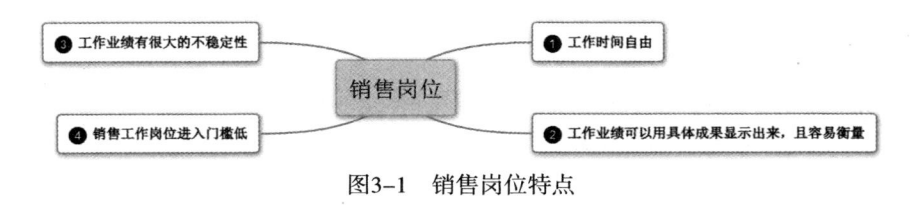

❸ 工作业绩有很大的不稳定性　　　❶ 工作时间自由

销售岗位

❹ 销售工作岗位进入门槛低　　　❷ 工作业绩可以用具体成果显示出来，且容易衡量

图3-1　销售岗位特点

销售人员的薪酬结构通常由基本工资、佣金、奖金三部分构成。可自由结合，通常有如下组合形成，具体内容见表3-23。

表3-23 销售人员薪资构成

模式	定义	使用情况	优/劣势
纯基本薪资支付	纯基薪支付就是按月给销售人员发放固定数额的基本工资	①高科技含量的产品或服务销售 ②额度巨大，销售周期长的产品 ③处于多变的、难以预测的市场 ④销售新人	降低具有潜在高绩效员工的积极性
纯佣金支付	纯佣金支付指的是按销售额（毛利、利润）的一定比例进行提成，作为销售人员的工作报酬	①产品标准化程度较高，推销难度不是很大的行业或企业 ②业绩可以由销售人员本人很好掌控的销售工作，佣金比例容易计算	
基本薪资+佣金	这是一种将纯基薪制度和纯佣金制度相结合的薪酬支付方式		注重对销售人员的激励，也使销售人员的业绩与佣金相挂钩，具有很强的激励性
基本薪资+奖金		通常销售人员的业绩只有超过了某一销售额，才能获得一定数额的奖金，而且随着目标和定额的不断提高，奖励比率也会不断提高	
基本薪资+佣金+奖金	综合性的薪酬支付方式，将基本薪资、佣金、奖金三者结合起来，是一种比较灵活的薪酬支付方式	①公司处在一个成熟的市场中 ②公司处在高速增长时期	

所以，销售岗位的员工薪酬设计并不难，但是这里不得不单独提出"优秀销售员工"的激励政策，我们还是以表格的形式清晰地展示一下优秀销售员工能够享有的激励政策（表3-24）。

表3-24　销售人员考核及薪酬激励方案

优秀销售员工考核与薪酬激励方案	
一、评选条件	1. 遵守公司的规章制度，无违规行为
	2. 在公司工作满1年以上的人员
	3. 有突出的业务能力；热爱本职工作
	4. 工作中未出现过重大失误
二、考核期限	____年____月____日至____年____月____日
三、评比说明	评比小组根据销售人员每月的销售业绩、客户开发情况、考勤及日常工作表现等，按照统一的计算方法计算出销售人员的绩效分数，分数最高者为公司当月销售冠军
四、奖励办法	1. 公司除对优秀销售人员颁发荣誉证书外，同时还给予物质奖励，其中，第一名，奖励人民币____元；第二名，奖励人民币____元；第三名，奖励人民币____元
	2. 销售人员若连续两次获得"优秀销售人员"的荣誉称号，公司除了给予相应的奖励外，还会视公司职位空缺情况给予其职位晋升的奖励
五、目标与考核	对运营总监的考核，按照之前考核表格进行考核
六、补充说明	1. 各部门必须严格按照评选条件，本着公平、公正、公开和严谨的原则进行评选，凡出现不按照评选条件进行评选的现象，一律给予责任部门负责人作出扣罚____元的惩处
	2. 各部门必须保证上报优秀员工材料的真实性和准确性，如核实上报材料有弄虚作假现象，一律对责任部门负责人作出扣罚____元的惩处
七、附则	本规定自____年____月____日起执行
编制日期：	审核日期：　　　　　实施日期：

对于企业来说，销售人员业绩考核及激励政策对于企业的可持续发展和市场竞争力至关重要。通过科学、公正的业绩考核体系，企业能够准确评估销售人员的工作表现，识别出高效能的销售人才，为团队优化和人才选拔提供依据。同时，合理的激励政策也能够激发销售人员的积极性和创造力，促使他们不断提升专业技能和服务水平，从而为企业带来更多的销售机会和业绩增长。有效的业绩考核与激励政策相结合，不仅能够提升销售团队的整体效能，还能够增强企业的凝聚力和向心力，为企业的长远发展奠定坚实的基础。

市场人员的业绩评估与薪酬激励制度

市场人员的业绩评估与薪酬激励制度应当紧密相连，以确保员工的工作目标与公司的整体战略保持一致。首先，明确业绩评估的标准至关重要，这包括销售目标完成率、新客户开发数量、市场占有率提高、客户满意度等关键绩效指标。其次，薪酬激励制度应包含固定薪酬与变动薪酬两部分，其中变动薪酬可以是销售提成、奖金、股权激励等形式，以奖励那些超额完成任务或对市场有重大贡献的员工。再次，定期的业绩回顾和反馈机制也是必不可少的，这有助于市场人员了解自己的表现，并根据反馈调整工作策略。最后，确保激励制度的公平性和透明性，让所有市场人员都能清楚地知道如何通过自己的努力获得相应的奖励。

市场人员的业绩评估与薪酬激励制度是驱动市场人员积极性、提升销售业绩和市场竞争力的关键机制。我们通过一张表格来看一下（表3-25）。

表3-25 市场岗位评估表

制度	方法	步骤细分	具体内容
一、市场人员的业绩评估	1.评估指标	销售额	市场人员的主要职责是推广和销售产品或服务，因此销售额是衡量其业绩的重要指标
		新客户开发	新客户数量反映了市场人员的市场拓展能力和客户开发能力
		客户满意度	客户满意度是衡量市场人员服务质量的重要指标，可以通过客户反馈、投诉率等指标来评估
		市场占有率	市场占有率反映了市场人员在特定市场中的竞争力和影响力
	2.评估方法	定量评估	通过销售额、新客户数量、客户满意度等量化指标来评估市场人员的业绩
		定性评估	通过市场人员的行为表现、工作态度、团队协作能力等定性指标来评估其业绩
		360度反馈	从上级、同事、客户等多个角度收集对市场人员的评价，以获取更全面的业绩信息
	3.评估周期		市场人员的业绩评估周期可以根据公司的实际情况来设定，如月度评估、季度评估或年度评估。评估周期的选择应确保能够及时反映市场人员的业绩变化，并为薪酬激励提供依据
二、市场人员的薪酬激励制度	1.薪酬结构	基本工资	根据市场人员的岗位、职责和能力来确定基本工资水平，确保其基本生活需求得到满足
		业绩提成	根据市场人员的销售额、新客户数量等业绩指标来设定提成比例，激励其积极追求更高的业绩
		奖金	根据市场人员的整体业绩、客户满意度等综合评价结果来设定奖金额度，以表彰其优秀表现
	2.薪酬调整	定期调整	根据公司业绩和市场变化，定期对市场人员的薪酬进行调整，确保其薪酬水平具有市场竞争力
		绩效挂钩	将市场人员的薪酬与其业绩紧密挂钩，通过薪酬调整来激励其不断提升业绩

续表

制度	方法	步骤细分	具体内容
二、市场人员的薪酬激励制度	3.福利与关怀	社会保险	为市场人员提供完善的社会保险福利，包括养老保险、医疗保险、失业保险等，以增强其归属感和安全感
		培训与发展	为市场人员提供系统的培训和发展机会，包括产品知识、销售技巧、客户关系管理等，提升其专业素养和工作能力
		职业晋升	建立完善的职业晋升通道，鼓励市场人员不断提升自身能力，争取更高的职位和薪资待遇
	4.激励措施	设立奖项	设立月度最佳销售员、季度最佳销售团队等奖项，以激发市场人员的竞争意识和工作积极性
		非物质激励	通过表彰大会、荣誉证书、优秀员工墙等非物质激励手段，提升市场人员的荣誉感和归属感
三、实施与监督	1.明确评估标准		制定清晰、可衡量的评估标准，确保市场人员的业绩评估具有公正性和准确性
	2.加强沟通与反馈		与市场人员保持密切沟通，及时了解其工作情况和需求，为其提供必要的支持和帮助。同时，定期向市场人员反馈评估结果和薪酬激励情况，激励其不断提升业绩
	3.监督与检查		对市场人员的业绩评估和薪酬激励制度进行监督和检查，确保其得到有效执行。对于存在的问题和不足，及时进行调整和改进

所以，市场人员的业绩评估与薪酬激励制度是企业提升销售业绩和市场竞争力的关键机制。通过制定合理的评估指标、薪酬结构和激励措施，并加强沟通与反馈、监督与检查，可以激发市场人员的工作积极性和创造力，推动企业的可持续发展。

客户服务人员的绩效管理与薪酬激励设计

绩效管理是确保客户服务团队达成业务目标的关键环节。首先，需要明确客户服务人员的工作职责和目标，这包括客户满意度、解决问题的效率、服务质量等关键绩效指标。其次，通过定期的绩效评估，可以监控员工的表现，并提供反馈和指导，帮助他们改进工作。

我们还是以表格的形式来清晰地看一下（表3-26）。

表3-26　客服人员绩效考核量表

姓名		岗位		客服		所属部门	
考核人				考核期限			
奖惩加减分	奖惩事由						
	加/减分						
1	答复准确率	20%	每有一处错误，减_____分				
2	投诉处理及时率	15%	未在规定时间内完成，减_____分				
3	客户投诉解决率	15%	每低于目标值_____个百分点，减_____分				
4	客户投诉解决满意率	25%	每低于目标值_____个百分点，减_____分				
5	客户回访率	15%	每低于目标值_____个百分点，减_____分				
6	客户档案完整率	10%	每有一处信息缺失，减_____分				
考核综合得分							
考核者意见							
被考核人签字：　　　日期：		考核人签字：　　　日期：			复核人签字：　　　日期：		

客户服务岗位有销售岗，也有非销售岗，所以，在设计客户服务岗位薪酬时，一定要有区别（表3-27）。

薪酬激励设计是激发客户服务人员积极性和忠诚度的重要手段。设计薪酬体系时，应考虑固定工资与变动奖金相结合的方式。固定工资保证员工的基本收入，而变动奖金则根据员工的绩效表现来确定，以此激励员工

81

表3-27 客服专员分类

员工类别	薪酬模式选择
客户服务人员（销售类）	纯基础薪资式
客户服务人员（销售类）	纯佣金模式
	基本薪资+佣金模式
	基本薪资+奖金模式
	基本薪资+佣金+奖金模式
客户服务人员（非销售类）	岗位工资+绩效奖金
	岗位工资+绩效奖金+奖金

追求更高的业绩。此外，非金钱激励，如职业发展机会、表彰和奖励等，也是提高员工满意度和忠诚度的有效方法。

在实施绩效管理和薪酬激励时，重要的是确保透明度和公平性，让员工清楚地了解他们的工作如何与薪酬和奖励挂钩。同时，定期收集员工反馈，对绩效管理和薪酬激励方案进行调整，以确保它们能够持续有效地激励员工。

财务人员的绩效考核标准与薪酬激励安排

每个企业都有不同的财务岗位，如财务经理、财务主管、会计、出纳、审计等。越大的企业，财务部门的岗位越精细，而对于一般的中小微企业而言，财务部门人员可能就一名主管、一名会计。前提是，这位会计也能够担起公司所需出纳、审计等业务。

关于财务人员的绩效考核标准，一般从以下几个方面来评估（表3-28）。

表3-28　财务人员绩效考核标准

考核关键	具体内容
财务报告准确性	评估财务人员编制的财务报告是否准确无误，是否符合会计准则和相关法规要求
预算管理	评估财务人员在预算编制、执行和控制方面的表现，以及预算与实际结果的差异分析
成本控制	考察财务人员在成本控制方面的成效，包括成本节约措施的实施和成本降低目标的达成情况
资金管理	评价财务人员在资金筹集、使用和管理方面的效率和效果，包括资金周转速度和资金成本控制
内部控制	考核财务人员在内部控制制度建设、执行和监督方面的贡献，以及对风险的识别和防范能力
项目评估	评估财务人员在投资决策支持、项目财务分析和评估方面的专业能力
专业技能与持续学习	考核财务人员的专业技能水平，以及对新知识、新技能的学习和掌握情况
团队合作与沟通能力	评价财务人员在团队中的协作精神、沟通能力和领导力

我们来看一下财务人员中会计、出纳、审计等三个基础岗位的具体绩效考核量表（表3-29至3-31）。

表3-29　会计岗位绩效考核量表

姓名		岗位	会计	所属部门	
考核人			考核期限		
奖惩加减分	奖惩事由				
	加/减分				
1	财务处理的时性	10%	每有1次延迟，减_____分		

续表

2	会计报表完成的及时性	10%	每有1次延迟，减_____分	
3	会计报表的准确性	20%	每有1处错误，减_____分	
4	总账登记的及时性与准确性	30%	每有1次延迟或差错，减_____分	
5	企业领导对财务分析工作的满意度评价	20%	每低于目标值_____个百分点，减_____分	
6	会计凭证归档率	10%	每低于目标值_____个百分点，减_____分	
考核综合得分				
考核者意见				
被考核人签字： 日期：		考核人签字： 日期：		复核人签字： 日期：

表3-30　出纳岗位绩效考核量表

姓名		岗位	出纳	所属部门	
考核人			考核期限		
奖惩加减分	奖惩事由				
	加/减分				
1	现金业务办理差错次数	30%	每出现1次错误，减_____分		
2	账实不相符的次数	15%	每出现1次错误，减_____分		
3	银行结算办理及时率	20%	每有1次延迟，减_____分		
4	费用报销及时率	10%	每有1次延迟，减_____分		
5	会计凭证的完整性	15%	每有1份资料缺失，减_____分		

续表

6	员工满意度评价	10%	每低于目标值_____个百分点，减_____分	
考核综合得分				
考核者意见				
被考核人签字：　日期：		考核人签字：　日期：		复核人签字：　日期：

表3-31　审计岗位绩效考核量表

姓名		岗位	审计	所属部门	
考核人			考核期限		
奖惩加减分	奖惩事由				
	加/减分				
1	审计计划执行率	20%	每有1项工作未按计划完成，减_____分		
2	审计报告一次性通过率	15%	每低于目标值_____个百分点，减_____分		
3	审计问题追踪检查率	20%	每有1项工作未按计划完成，减_____分		
4	审计结果准确性	20%	审计结果更正次数为0，每出现1次，减_____分		
5	审计报告证据的充分性	15%	因审计证据不足而使审计结果被推翻的情形每出现1次，减_____分		
6	审计报告归档率	10%	每低于目标值_____个百分点，减_____分		
考核综合得分					
考核者意见					
被考核人签字：　日期：		考核人签字：　日期：		复核人签字：　日期：	

结合上面的几张绩效考核表，再结合该职位在企业内的相对价值，为员工付酬是企业为财务人员设计薪酬的常见方式。基于这样一种薪酬支付

方式，岗位工资便成为财务人员工资构成中的主要部分。财务人员的绩效工资与绩效考核结果挂钩，但同时也要给予他们一定的薪酬激励。薪酬激励可以从以下几个方面进行设计（表3-32）。

表3-32 财务岗位薪酬激励方式

激励方式	具体内容
固定薪酬	根据财务人员的职位、经验和市场行情确定基本工资
绩效奖金	根据财务人员的绩效考核结果发放奖金，以奖励表现优秀者
长期激励	为财务人员提供股权激励、期权计划等长期激励措施，以促进公司长期发展和员工个人利益的绑定
培训与发展	提供专业培训和职业发展机会，帮助财务人员提升技能和职业素养
其他福利	包括健康保险、退休金计划、带薪休假等，以提高员工满意度和忠诚度

综上所述，企业通过将绩效考核结果与薪酬紧密挂钩，使员工意识到自己的每一份努力都将直接转化为经济回报。比如，在激励薪酬中直接的经济激励能够极大地激发员工的工作动力，使他们更加专注于工作，努力提高绩效水平。当然，良好的薪酬激励机制可以促进员工之间的合作与竞争。在合作方面，员工之间可以相互帮助、交流经验、分享资源；在竞争方面，员工之间可以相互比较、挑战、超越。这种积极的竞争氛围有助于激发员工的潜能，推动他们不断追求卓越。

由此可见，财务人员的绩效考核标准与薪酬激励对员工的作用主要体现在激发工作动力、增强自我管理能力、促进个人成长、提高工作满意度和忠诚度以及促进团队合作与竞争等方面。这些作用共同推动企业实现更高的绩效水平和更好的发展。

行政、人事人员的绩效考评与薪酬激励规划

行政、人事岗位狭义上指企业或组织内部的行政管理和人事管理的相关工作。我们来详细解释行政、人事的具体内容。

一、行政管理。行政管理涉及企业或组织内部日常运营的管理和协调工作，包括制定和执行相关政策、程序和规章制度，确保组织内部的正常运转，还包括资源的管理，如人力资源、财务资源、物资资源等，确保这些资源得到合理的配置和使用。此外，行政管理还需要处理各种行政事务，解决员工在工作中遇到的问题和困难，维护组织的稳定。

二、人事管理。人事管理是负责招聘、培训、评估和管理组织内的人员，包括制定人力资源规划，根据组织的发展战略确定人员需求和招聘计划，还需要负责员工的培训和发展，提高员工的技能和能力，使其适应组织的需求。同时，人事管理还需要进行员工的绩效评估，激励和奖励优秀员工，处理员工关系和纠纷，营造良好的工作氛围。

三、综合职能。行政、人事的工作是相互关联的，行政管理为组织提供一个稳定、有序的工作环境，而人事管理则确保组织拥有合适的人才来推动发展。在实际工作中，行政、人事部门需要密切合作，共同应对各种挑战和问题。它们还需要与组织的各个部门保持沟通，确保政策的顺利实施和工作的顺利进行。

总的来说，行政、人事是企业或组织内部非常重要的部门，它们的工作涉及组织的日常运营、人员管理以及内外部协调，对组织的稳定和发展起到至关重要的作用。我们来看一下行政、人事岗位的绩效考评所涉及的内容（表3-33）。

表3-33　行政岗位绩效考评

考评内容	原则	具体详解
考评原则	公正、公平、公开	确保考评过程透明，结果公正，避免主观偏见
	效率优先、兼顾公平	既注重工作成果，又考虑团队协作和贡献
考评内容	业绩考核	根据行政人事人员的工作职责和目标，制定具体的业绩指标，如招聘计划完成率、新员工试用期通过率、培训计划执行率等
	行为考核	评估行政人事人员的工作态度、行为规范和职业素养
考评方法	定量考核	通过具体的业绩指标和数据来评价行政、人事人员的工作成果
	定性考核	通过上级、同事、下属等多方面的反馈和评价，来评估行政、人事人员的工作态度和行为表现
考评周期	可以根据企业的实际情况，选择月度、季度或年度作为考评周期
考评结果应用	将考评结果与薪酬激励、职位晋升、培训发展等挂钩，形成有效的激励机制

我们再具体看一下行政各个岗位的绩效考核量表（表3-34、表3-35）。

表3-34　行政岗位绩效考核量表

姓名		岗位	行政	所属部门	
考核人			考核期限		
奖惩加减分	奖惩事由				
	加/减分				
1	文件处理及时率	15%	每有1项工作未按计划完成，减_____分		

续表

2	文件处理差错次数	20%	每出现1次差错，减____分	
3	办公用品发放出现差错的次数	15%	每出现1次差错，减____分	
4	办公设备完好率	20%	每低于目标值____个百分点，减____分	
5	部门满意度	15%	每出现1起投诉，减____分	
6	文件资料归档率	10%	每低于目标值____个百分点，减____分	
考核综合得分				
考核者意见				
被考核人签字：　日期：		考核人签字：　日期：		复核人签字：　日期：

表3-35　人事岗位绩效考核量表

姓名		岗位	人事	所属部门	
考核人			考核期限		
奖惩加减分	奖惩事由				
	加/减分				
1	招聘计划完成率	15%	每低于目标值____个百分点，减____分		
2	培训计划完成率	15%	每低于目标值____个百分点，减____分		
3	员工工资表编制的准确度	15%	每出现1次延迟，减____分		
4	绩效考核数据准确性	15%	每出现1处错误，减____分		
5	员工出勤率	10%	每低于目标值____个百分点，减____分		
6	员工入职、离职手续办理的规范性	20%	未按规定办理，减____分/次		

续表

7	员工满意度评价	10%	每低于目标值_____个百分点，减_____分	
考核综合得分				
考核者意见				
被考核人 签字：　　　日期：		考核人 签字：　　　日期：		复核人 签字：　　　日期：

以上是行政、人事人员的绩效考评，行政、人事人员工作的好坏，对其他部门工作能否顺利进行起到至关重要的作用。这一岗位的工作相较于其他部门的工作，呈现出工作难以量化、工作内容往往为某项事件的过程、成果不显化、需要协调横向及纵向的相关部门开展工作等特点。所以，行政人事的薪酬设计涉及以下几个方面（表3-36）。

表3-36　行政、人事岗位薪酬构成

设计关键	基本内容	详解
薪酬结构	基本工资	根据行政人事人员的岗位、职责和工作经验等因素确定
	绩效工资	根据绩效考评结果，对行政人事人员的工作成果进行奖励
	福利津贴	包括社会保险、住房公积金、带薪休假等，体现企业对员工的关怀和保障
薪酬激励方式	短期激励	如月度、季度奖金，根据绩效考评结果及时发放，激励员工积极工作
	长期激励	如年终奖、股权激励等，与员工的长期贡献和企业的长远发展相结合
	非物质激励	如荣誉称号、晋升机会、培训发展等，满足员工的职业发展需求和精神需求
薪酬调整机制		根据市场薪酬水平、企业效益和员工绩效等因素，定期调整薪酬结构，保持薪酬的竞争力
薪酬激励规划的实施		制定详细的薪酬激励方案，明确薪酬结构、激励方式和调整机制
		加强与员工的沟通和反馈，确保员工了解薪酬激励方案的内容和目的
		定期对薪酬激励方案进行评估和调整，确保其适应企业的发展和员工的需求

行政人事人员的绩效考评与薪酬激励规划应当基于明确的岗位职责、工作目标和关键绩效指标。首先，需要制定合理的绩效评估体系，确保评估标准与公司战略目标一致。其次，应设定可量化的绩效目标，如员工满意度、招聘效率、员工留存率等。在薪酬激励方面，可以采用固定薪酬加绩效奖金的模式，确保基本工资满足市场水平，同时通过绩效奖金激励员工取得更高业绩。再次，还可以考虑长期激励计划，如股权激励或长期服务奖励，以增强员工的归属感和忠诚度。最后，还要定期进行绩效反馈和薪酬调整，确保激励措施与员工的实际表现和市场变化保持一致。

第四章
激励机制的核心价值及意义

　　激励机制是企业激励员工、激发团队的动力，这一机制不仅关乎短期的业绩提升，更蕴含着深远的意义。在本书开篇，我们一直在强调不管是绩效考核还是激励政策都是为了塑造积极向上的企业文化，增强员工的忠诚度，促进团队间的合作。企业通过激励机制，可以精准识别并满足员工的多元化需求。此外，激励机制还能有效提升员工满意度，降低人才流失率，构建稳定而高效的人才队伍，为企业的长远发展奠定坚实的基础。

激励机制的理论基石

激励机制的理论包括需要内容型激励和过程型激励,其中,需要内容型激励包括需求层次理论、双因素理论和成就需要理论;过程型激励包括期望理论、公平理论以及强化理论。为了能够清晰地了解,我们还是以表格的形式来展示(表4-1)。

表4-1 需要内容型激励

名称	分类	提出者	具体内容	
需要内容型激励理论	需求层次理论	马斯洛提出	生理需求	这些需求从基本的生活需求逐渐上升到个人的成长和发展需求,激励机制需要针对员工的不同需求层次进行设计,以激发他们的工作积极性和创造力
			安全需求	
			社交需求	
			尊重需求	
			自我实现需求	
	双因素理论	赫茨伯格提出	该理论认为,保健因素是前提和基础,然而它不能形成对员工的激励;只有激励因素得到满足时,才能对员工产生内在驱动力,从而创新工作方式,提升工作效益	
	成就需要理论	麦克利兰提出	权力控制需要	激励机制应关注员工的成就需求,通过设定明确的目标、提供成长机会等方式,激发员工的自我实现欲望
			人际交往需要	
			自我成就感需要	

由表4-1可知,需求内容型激励是通过对人的基本需求等进行激励。

我们根据需求层次理论简单地举例。比如，生理需求激励，就是甲公司通过实施绩效薪酬制度，提高了员工的薪酬，保障了员工的基本生活需求。公司通过设立绩效奖金，激励员工努力工作以获得更高的收入，进一步满足员工的生理需求。

当一个人的生理需求得到满足，就要追求安全需求。安全需求就是通过提供良好的工作环境和完善的福利设施来保障员工的人身安全和财产安全，具体来说，就是公司需要为员工提供舒适的办公场所、健全的社保体系等。

当员工的安全需求也得到满足，就会上升到社交需求。甲公司可以通过组织各种形式的团队活动和社交活动来增强员工的归属感和团队协作精神，比如员工聚餐、团建活动等。而对于一些规模比较大的公司，还可以设立员工互助社团、志愿者团队等，进一步增强员工的归属感和责任感。

对于每一位员工来说，按照马斯洛提出的需求层次理论，最终到了尊重需求激励。尊重需求就是能够通过激励政策让员工感受到被尊重，比如某个项目成功之后，公司要有相应的奖励，让员工或团队能够感受到自己的劳动成果被尊重。在企业管理中，类似的行为可以激励员工更加努力地工作，因为他们感受到了来自上级和同事的尊重和认可。

最后是自我实现需求激励。什么是自我实现需求激励？举个例子，某企业在过去由于落后的经营管理方式，导致员工墨守成规，缺乏创新动力。后来，一位年轻的管理者上任后，他鼓励员工发挥主观能动性，从一些小小的改进开始，诱导员工进行创新尝试。每当员工提出新的想法或改进方案时，他都会给予积极的反馈和鼓励。此外，他还在全员面前对取得进步的员工进行表扬和奖励,让员工感受到自己的成长和进步被认可。这种激励方式满足了员工的自我实现需求,激发了他们的创新精神和工作热情。

接下来,我们再来看一下过程型激励理论(表4-2)。

表4-2 过程型激励

分类	名称		具体内容
过程型激励理论	期望理论	提出者	维克托·弗鲁姆(Victor H. Vroom)
		核心观点	人们之所以采取某种行为,是因为他们觉得这种行为可以有把握地达到某种结果,并且这种结果对他们有足够的价值
		公式	激励水平(M)= 期望值(E)× 效价(V)
	公平理论	提出者	约翰·斯塔希·亚当斯(John Stacey Adams)
		核心观点	该理论侧重于研究工资报酬分配的合理性、公平性及其对职工生产积极性的影响
	强化理论	提出者	伯尔赫斯·弗雷德里克·斯金纳(Burrhus Frederic Skinner)
		核心观点	该理论强调行为与后果之间的关系

还是以甲企业员工激励方案为例,该企业根据过程型激励理论制定了以下激励措施。

首先,设立具有挑战性的工作目标。企业为员工设定了明确、可衡量的工作目标,并鼓励员工努力达成这些目标。这些目标既具有挑战性又具有可实现性,能够激发员工的工作热情和积极性。其次,建立公平的绩效考核体系。企业建立了公平、透明的绩效考核体系,根据员工的工作表现和贡献进行奖励和惩罚。这种绩效考核体系能够确保员工的投入得到公正的回报,从而提高员工的工作满意度和忠诚度。最后,提供有吸引力的奖励。企业为员工提供了具有吸引力的奖励措施，如晋升机会、奖金、福利待遇等。这些奖励措施能够满足员工的物质和精神需求，从而增强员工的工作动力和归属感。

所以，通过这些激励措施的实施，甲企业成功地激发了员工的工作积极性和创造力，提高了企业的整体绩效和竞争力。

由此可见，过程型激励理论为我们提供了一种理解和预测人类行为的心理过程的有效工具。通过了解个体的期望值和绩效评价以及其对行为结果的预期和评价，我们可以制定更为有效的激励措施来激发个体的工作积极性和创造力。

激励机制设计的核心准则

激励员工的方式不仅仅局限于物质上的奖励，精神上的激励也同样重要。企业可以采取一种综合的激励机制，将物质激励和精神激励相结合。例如，企业可以为团队和个人设定具体的业绩目标，当员工达成这些目标时，他们不仅能够获得物质上的奖励，还能感受到精神上的满足。

具体来说，企业可以设定一个奖励标准，比如所有达到业绩目标的员工都可以获得 500 元的个人奖励，而那些表现尤为突出的员工则可以获得更高的奖励，例如排名第一的员工可以获得 2 000 元，第二名的员工可以获得 1 000 元。当然，这些奖励的具体金额可以根据公司的实际情况和财务状况来灵活调整。虽然这些物质奖励的金额可能并不算高，但它们代表了一种荣誉，是对员工努力的认可和物质方面的激励。

与此同时，精神方面的激励同样不可或缺。企业可以通过设立"优秀员工"称号、在企业内部建立光荣榜等方式，表彰那些表现突出的员工。在重要节日或员工生日时，企业可以为优秀员工寄送感谢信和礼品，以此表达对他们贡献的认可和感激之情。这种精神上的激励能够极大地提升员工的归属感和自豪感，增强他们的工作动力。

此外，企业还可以通过组织一些轻松愉快的活动来促进员工之间的交流和团队合作，从而提升企业文化的建设。例如，每月或每季度组织员工一起喝下午茶、举办沟通会等，这些活动不仅能为员工提供一个放松和交流的平台，还能增强团队的凝聚力，营造和谐的工作氛围。通过这些综合性的激励措施，企业能够更好地激发员工的工作积极性和创造力，推动企业发展和进步。

表4-3 激励机制内容

激励内容	详解
一、满足员工需求	激励机制设计的出发点是满足员工的需求
二、实现组织目标	激励机制的直接目的是调动员工的积极性，而其最终目的是实现组织目标
三、效率与成本	激励机制设计的效率标准是其运行的有效性，即将激励目标的实现与运行费用适度、信息的有效处理与信息成本的合适、员工个人需要与诱导因素联系起来
四、分配制度与行为规范	激励机制设计的核心是分配制度和行为规范
五、激励与约束并重	有效的激励机制不仅要注重激励，还要注重约束
六、公平公正	公平公正是激励机制得以顺利实施的基础
七、灵活性	市场环境和企业内部条件的变化要求激励机制具有一定的灵活性

因为员工的需求是多样化的，包括物质需求和精神需求。因此，激励机制需要设计各种奖酬形式，形成一个诱导因素集合群，以满足员工的各种需求。这就要求企业在设计激励机制时，要深入了解员工的需求和期望，从而制定出更具吸引力的激励方案。

另外，激励机制需要用组织目标和团体目标来指引员工个人的努力方向，使员工在实现个人目标的同时，也为组织目标的实现作出贡献。这要求激励机制的设计要紧密围绕组织目标进行，确保激励措施能够推动组织目标的实现。在设计激励机制时，需要权衡激励效果和成本之间的关系，确保激励措施能够以较低的成本实现较高的激励效果。

我们举一个知名的案例，海底捞是一家知名火锅连锁店，它以其优秀的服务和独特的员工激励制度而负有盛名。海底捞的激励措施包括但不限于提供良好的工作环境和福利待遇，包括提供住宿、健康保险和子女教育等，以满足员工的基本生活需求。

海底捞如此，胖东来亦是如此，它们都是把员工的最底层需求通过公司的物质激励被满足之后，让员工看到自己的职业发展前景，从而激发其工作动力和忠诚度。不管是海底捞，还是胖东来，它们的激励制度都体现了对员工的尊重和信任，让员工感到自己是公司的重要成员。这种激励制度使得员工对工作充满热情，通过为顾客提供优质的服务，从而提高了它们的品牌价值和市场占有率。

由此可见，激励机制设计的核心准则涉及多个方面，这些准则相互关联、相互补充，共同构成了激励机制设计的理论基础和实践指导。企业在设计激励机制时，应综合考虑这些准则，以确保激励措施的有效性和可持续性。

物质激励机制：构建高效动力的蓝图

物质激励是最直接的激励方式。我们来看一下物质激励包括哪些激励方式（表4-4）。

表4-4　物质激励

方式	构成	详解
资金激励	工资	员工的基本薪资，用于满足员工的基本生活需求
	奖金	根据员工的工作表现、业绩或公司的盈利情况而发放的额外资金
	津贴	为了补偿员工在特定工作环境或条件下的额外付出而提供的资金，如交通津贴、高温津贴等
奖品激励	实物奖品	如电子产品、办公用品、生活用品等，作为对员工优秀表现的奖励
	旅游奖励	为员工提供旅游机会，作为对其工作成绩的认可和奖励
福利激励	社会保险	包括养老保险、医疗保险、失业保险、工伤保险和生育保险等，为员工提供基本的社会保障
	住房公积金	为员工提供购房资金支持，减轻其经济压力
	带薪休假	为员工提供一定天数的带薪休假，以放松身心、享受生活
	其他福利	如员工餐厅、员工宿舍、健康体检、节日礼品等，提高员工的生活质量和幸福感
股权激励	股票或股票期权	将公司的部分股权或股票期权作为奖励，让员工成为公司的股东之一，从而分享公司的成长和收益
	利润分享	根据公司的盈利情况，按照一定比例将利润分配给员工，以激发其工作积极性和创造力

物质激励机制作为构建高效工作动力的蓝图，其核心在于通过合理的物质奖励来激发员工的工作积极性和创造力，从而推动企业的可持续发展和竞争力提升（表4-5）。

表4-5 物质激励原则

原则	特征	内容
物质激励机制的设计原则	公平性	确保员工的投入与回报相匹配，避免不公平现象的发生
	竞争性	使企业的薪酬水平和福利政策在市场上具有一定的竞争力，以吸引和留住优秀人才
	激励性	通过合理的薪酬结构和奖励制度，激发员工的工作积极性和创造力
	经济性	在保证激励效果的同时，合理控制成本，提高企业的经济效益
物质激励机制的实施策略	个性化激励	根据员工的不同需求和期望，制定个性化的激励方案，以提高激励的针对性和有效性
	及时反馈	对员工的优秀表现进行及时认可和奖励，以增强其成就感和归属感
	持续评估	定期对物质激励机制进行评估和调整，确保其适应企业的发展和员工的需求变化
	沟通与交流	加强企业与员工之间的沟通与交流，了解员工的需求和期望，为制定更有效的激励方案提供依据

物质激励机制的首要任务是明确激励目标。这些目标应当与企业的战略规划和业务目标紧密相连，确保激励措施能够推动企业目标的实现。同时，激励目标应具有可衡量性，以便对员工的绩效进行客观评估，并根据评估结果给予相应的物质奖励。

物质激励最核心的部分就是薪酬体系，之前我们聊过薪酬体系的设计，其中就离不开薪酬激励。毕竟，一个合理的薪酬体系应能够反映员工的价值贡献，包括基本工资、绩效奖金、股权激励等多种形式。通过设定明确的薪酬标准和晋升渠道，企业可以激励员工不断提升自己的能力和业绩，从而为企业创造更大的价值。

除了薪酬之外，职业发展机会也被归于物质激励机制。或许有人不解，职业发展归应该属于非物质激励机制中，其实不然，当一个企业为员工提供了广阔的职业发展空间和晋升机会，通过为员工提供培训、轮岗、晋升等职业发展机会，才能让员工在此基础上获取更大的物质收益。

举个简单的例子，员工李华进入公司时只是一名销售员，月薪2 500元。后期，通过公司给予的职业发展机会，李华个人成长很快，一年后就做到了销售主管的位置，月薪也跟着节节高升，涨到8 000元。所以，职业发展也属于物质激励机制。

物质激励机制需要企业在明确激励目标、设计合理的薪酬体系、实施绩效奖励、提供职业发展机会、建立有效的沟通机制以及注重激励效果的评估与反馈等方面进行全面考虑和规划。通过构建完善的物质激励机制，企业可以激发员工的积极性和创造力，推动企业的可持续发展和竞争力提升。

非物质激励机制：激发内在潜能的钥匙

公司激励机制除了物质激励机制还有非物质激励机制，非物质激励是相对于物质激励而言的，它指企业采取货币、物质、福利、股权等物质以外的方式，以精神等非物质资源作为激励因素，通过在员工中间分配非物质利益，满足员工的非物质需求，从而调动员工的工作积极性，使其更好地完成工作任务，实现个人与组织的共同发展。

我们来看一下非物质激励包括哪些内容（表4-6）。

表4-6　非物质激励

机制	构成	详解
非物质激励机制	沟通激励	沟通激励是一种有效的非物质激励方式
	尊重激励	尊重激励是指企业和管理者尊重员工的人格、思想、感情、行为等，使员工的尊重需要得到满足，从而激发其工作积极性、主动性和创造性
	信任激励	信任激励是管理和激励员工，建立高绩效组织的基本要素
	认可激励	认可激励是一种非常有效的非物质激励方式
	目标激励	目标激励是指通过设置明确的工作目标，激发员工的工作动力和积极性
	发展激励	发展激励是指企业为员工提供培训、晋升机会和职业发展规划等，以满足员工的职业发展需求
	参与激励	参与激励是指鼓励员工参与企业的决策和问题解决过程，增强员工的主人翁意识和归属感
	荣誉激励	荣誉激励是指通过授予员工荣誉称号、颁发荣誉证书等方式，激发员工的工作积极性和创造力
	文化激励	文化激励是指通过构建积极向上的企业文化氛围，激发员工的工作热情和创造力

很多人觉得非物质激励在某种程度上不如物质激励能够激发员工的主动性、积极性。实际上，当一个人的生理需求、安全需求、归属需求等都得到满足后，最需要的就是非物质激励。并且，对于企业来说，非物质激励更能够节约激励成本。很多知名大企业都很重视非物质激励，我们来看一下（表4-7）。

103

表4-7 非物质激励案例

企业	概况	措施		效果
谷歌	谷歌作为全球领先的科技公司，其创新文化和员工激励机制备受瞩目	非物质激励措施		效果
		创新氛围	谷歌鼓励员工提出新想法和解决方案，并为他们提供资源和支持来实现这些想法	这些非物质激励措施使谷歌的员工保持了高度的创新精神和工作热情，推动了公司的可持续发展和创新
		认可制度	谷歌设立了多种奖项，如"创始人奖""创新奖"等，以表彰在工作中表现突出的员工	
海底捞	海底捞是一家以优质服务著称的火锅连锁企业	非物质激励措施		效果
		员工参与决策	海底捞鼓励员工提出改进意见和建议，并积极参与公司的决策过程	这些非物质激励措施提高了员工的归属感和忠诚度，使他们更加投入地工作，为顾客提供了优质的服务
		尊重员工	海底捞注重员工的个人发展和成长，为他们提供培训和发展机会	
IBM	IBM是一家全球知名的科技公司，致力于为员工提供广阔的职业发展空间	非物质激励措施		效果
		目标设定	IBM为员工设定了明确的工作目标和职业发展计划，鼓励他们为实现这些目标而努力	这些非物质激励措施使IBM的员工保持了高度的工作热情和职业发展动力，推动了公司的持续创新和业务发展
		成长机会	IBM为员工提供了各种培训和发展机会，如内部培训、外部研讨会、在线课程等	

续表

企业	概况	措施		效果
		非物质激励措施		效果
腾讯	腾讯是中国领先的互联网企业之一，其团队氛围和员工激励机制也备受关注	榜样激励	腾讯树立了多个内部榜样，如优秀团队、优秀员工等，以他们的成功经验和事迹来激励其他员工	这些非物质激励措施提高了员工的团队合作能力和工作积极性，推动了腾讯的可持续发展和创新
		团队氛围	腾讯注重营造积极向上的团队氛围，鼓励员工之间的交流和合作	

通过案例，我们可以清楚地了解到，随着管理理论的深入发展，需求层次理论、双因素理论等均表明，个体的需求是多样的、层次丰富的。非物质激励能够针对员工的内在需求进行精准激励，能够激发员工的内在潜能，使其在工作中表现出更高的积极性和创造力，从而为企业创造更多的价值。

不过，非物质激励机制要有一个准确的落地和保障，比如，企业应该建立明确的非物质激励标准和量化指标，确保激励的公平性和公正性；企业应该做到及时且有效地反馈，确保员工能够从非物质激励机制中获得激励，毕竟非物质激励不像物质激励那么直截了当；当然，非物质激励机制在制定时，一定是更加符合企业文化、企业价值；最后，作为企业应该不断地探索与创新非物质激励方式，满足员工不断变化、不断成长的需求和期望。

不难看出，非物质激励机制是激发员工内在潜能、提升工作动力的关键手段。企业应通过构建公平、公正的操作环境、关注员工情感需求、提供成长机会、构建健康的企业文化以及制定个性化激励方案等策略，确保非物质激励机制的有效落地和持续发挥作用。

实施策略：确保激励机制有效落地的路径

激励机制的真正价值在于其实际的执行和应用，而不仅仅是停留在纸面上。

许多小型和微型企业虽然也制定了激励机制，但往往只是将其编写成一本手册或文件，而在公司的日常运营和发展过程中，并没有真正地将其落到实处。为了确保激励机制能够有效地发挥作用，企业需要采取一系列具体的措施，将其融入公司的管理体系和企业文化中。这包括明确激励的目标、制订具体的实施计划、定期评估和调整激励政策，以及确保员工对激励机制的理解和认同。

只有这样，激励机制才能够真正地推动员工的工作积极性和创造力，从而促进企业的长期发展和成功。所以，这一节就来了解一下如何让激励机制落地，先来看案例（表4-8）。

表4-8　激励机制案例

公司	背景	路径		效果
海尔	海尔集团是一家全球知名的家电制造商	设定明确目标	海尔集团为员工设定了清晰、具体、可实现的工作目标，并与员工共同制订个人职业发展计划	

续表

公司	背景	路径		效果
海尔	海尔集团是一家全球知名的家电制造商	物质与精神激励并重	除了提供具有竞争力的薪酬待遇外，海尔集团还注重精神层面的激励，如晋升、荣誉称号，等等	这些措施有效地激发了员工的工作积极性和创新能力，提高了海尔集团的整体绩效和市场竞争力
		建立有效的反馈机制	海尔集团建立了"员工日"或"总经理接待日"，鼓励员工提出意见和建议，并及时给予反馈	
		持续优化激励机制	海尔集团根据实际情况和员工需求，不断调整和优化激励机制，如通过命名员工发明产品的方式，激发员工的创新激情	
某航天技术公司	某航天技术公司面临业务转型的压力	建立项目数据库和管理台账	为项目建立详细的数据库和管理台账，记录项目的进展、完成情况以及员工的贡献	这些措施提高了员工的工作积极性和项目完成质量，推动了公司的业务转型和可持续发展
		引入项目积分制	根据项目的难易程度、员工的贡献大小等因素，为员工分配相应的积分。积分越高，员工的奖励就越丰厚	
		采用EVA考核方式	对项目经理采用EVA（经济增加值）的考核方式，综合考虑项目的收入、成本以及人员分工等因素，确保评价的公正性和准确性	
谷歌	谷歌作为全球领先的科技公司	营造创新氛围	谷歌鼓励员工提出新想法和解决方案，并为他们提供资源和支持来实现这些想法	这些措施激发了员工的创新精神和工作热情，推动了谷歌的持续创新和市场扩张
		设立认可制度	谷歌设立了多种奖项，如"创始人奖""创新奖"等，以表彰在工作中表现突出的员工	

通过深入分析上述案例，我们可以得出一些重要的结论，即有效落地激励机制是有具体路径可循的。若想让企业的激励机制真正落地，必须设定一个与企业整体战略保持一致的目标。实际上，我们一直在强调，无论是物质激励还是非物质激励，都必须与企业的整体战略保持一致。这是因为，只有当激励机制与企业战略相契合时，员工的努力方向才会与企业的发展目标一致，从而提高整体的工作效率和企业绩效。

除此之外，为了确保激励机制的成功落地，我们必须确保机制的公平性和公正性，避免任何形式的偏见和不公。同时，我们还需要确保员工的实际贡献和绩效水平得到充分的考量，以确保激励的合理性。这是因为，只有当员工感觉到他们的努力得到了公正的回报时，他们才会更加积极地投入工作中去。

当然，激励机制并不是一成不变的、一旦制定就不能更改的机制政策。相反，它应该根据员工在不同阶段的表现进行相应的调整和反馈。为了使激励机制更好地落地，企业需要"脚踏实地"，建立一个有效的反馈机制，鼓励员工提出对激励机制的意见和建议。这不仅有助于企业及时发现激励机制中存在的问题，还能够根据员工的实际需求进行相应的改进。

综上所述，为了确保激励机制的有效落地，企业需要从多个方面入手。首先，明确激励机制的目标和原则是至关重要的，这将为整个激励机制的实施提供方向和指导。其次，制定科学合理的绩效评估机制，确保员工的努力能够得到公正的评价和回报。再次，设计多样化的激励措施，以满足不同员工的需求和期望。加强沟通与反馈，建立有效的反馈和持续优化机制，确保激励机制能够及时调整和改进。最后，确保激励机制的合法性和合规性，以及文化融合与价值观引导，使激励机制与企业文化相契合，从而更好地激发员工的工作积极性和创造力。

这些路径和策略相互关联、相互促进，共同构成了确保激励机制有效落地的完整体系。通过综合运用这些策略，企业可以有效地激发员工的潜力，提高整体的工作效率和企业绩效，最终实现企业的长远发展。

直面挑战：激励机制实施中的困境与对策

激励机制是组织管理中至关重要的环节，它旨在激发员工的工作动机和行为，提高工作效能，促进组织目标的实现。然而，在实际操作中，激励机制的实施往往面临诸多困境。以下是激励机制所面临的困境（表4-9）。

表4-9　激励机制面临的困境

困境	特征	内容
激励机制实施中的困境	单一与僵化	激励形式单一，过度依赖物质奖励，如奖金、提成等，而忽视了精神激励、职业发展激励等多元化激励方式
激励机制实施中的困境	单一与僵化	激励机制僵化，缺乏灵活性，无法根据员工的不同需求和组织的实际情况进行调整
	绩效考核不公正	绩效考核标准不明确或不合理，导致评估结果难以服众
		绩效考核过程不透明，存在主观性和偏见，影响员工的公平感和信任度
	员工参与度低	员工对激励机制的参与度不高，缺乏参与感和归属感
		激励机制的制定和实施过程中缺乏员工的参与和反馈，导致激励效果不佳

续表

困境	特征	内容
激励机制实施中的困境	与组织目标脱节	激励机制未能与组织目标紧密结合，导致员工行为与组织目标不一致
		激励机制缺乏长期性和战略性，无法为组织的持续发展提供有力支持
	资金和资源限制	部分组织面临资金和资源限制，无法提供足够的激励资源
		激励资源的分配和使用缺乏科学性和合理性，导致资源浪费或激励不足

毫无疑问，当前激励机制的单一性已经成为一个显著的问题。随着员工需求的日益多元化，传统的、单一的激励机制已经无法满足所有员工的期望和需求。员工的需求和期望各不相同，他们可能追求物质奖励、职业发展机会、个人成长空间或工作环境的改善等。

然而，现有的激励机制往往只侧重于物质奖励，忽视了员工在其他方面的需求。这种单一的激励机制无法全面激发员工的潜力，也容易导致员工的倦怠和流失。因此，企业需要建立多元化的激励机制，包括物质奖励、职业发展机会、培训和学习机会、工作环境的改善等多种方式，以满足员工的多元化需求。

此外，激励力度不足也是激励机制存在的一个重要问题。如果激励力度不够，就无法有效激发员工的积极性和创造力。员工在工作中的表现往往与其所得的回报紧密相关。如果员工觉得自己的付出与回报不成正比，他们就会对工作失去热情，甚至选择离开。

因此，企业需要提高激励力度，确保员工的努力能够得到应有的回报。这不仅可以激发员工的积极性，还可以提高员工的忠诚度和稳定性，从而降低员工流失率。

根据表 4-9 所示，公平性问题是激励机制实施中的另一个重要挑战。如果激励机制的实施存在不公平性，那么员工就会对激励机制失去信任，甚至产生抵触情绪。公平性不仅体现在奖励的分配上，还体现在激励机会的平等上。企业需要确保所有员工都有平等的机会参与激励，并根据他们的表现获得相应的奖励。这样，员工才会对激励机制产生信任，并愿意为之付出努力。只有在公平的激励机制下，员工才能感受到自己的努力得到了认可，从而更加积极地投入工作中。

最后，对于企业而言，成本问题也是企业在实施激励机制时需要考虑的一个重要因素。激励机制的实施需要投入大量的成本，包括人力、物力和财力。如果投入过多，可能会对企业的经济造成压力，甚至影响企业的正常运营。因此，企业需要在保证激励效果的前提下，合理控制成本，实现成本与效益的平衡。这要求企业制定科学的激励策略，确保每一分投入都能产生最大的效益。通过科学的激励策略，企业可以在有限的资源下，最大化地激发员工的潜力，提高整体的工作效率和企业的竞争力。

以上就是激励机制实施中的困境，那么面对困境，该如何应对呢？来看表 4-10。

表4-10　激励机制应对策略

对策	具体内容	
应对激励机制实施困境的对策	建立多元化激励机制	结合物质激励和精神激励，提供多样化的激励方式，如职业发展机会、培训学习、荣誉称号等
		根据员工的不同需求和组织的实际情况，灵活调整激励机制的内容和形式

续表

对策		具体内容
应对激励机制实施困境的对策	完善绩效考核体系	制定明确、合理的绩效考核标准,确保评估结果的公正性和准确性
		提高绩效考核过程的透明度和客观性,减少主观性和偏见的影响
		加强与员工的沟通和反馈,让员工了解绩效考核的结果和依据,提高员工的认同感和信任度
	提高员工参与度	鼓励员工参与激励机制的制定和实施过程,收集员工的意见和建议
		建立员工反馈机制,及时了解员工对激励机制的看法和感受,以便进行调整和优化
	紧密结合组织目标	将激励机制与组织目标紧密结合,确保员工行为与组织目标一致
		制定长期性和战略性的激励机制规划,为组织的可持续发展提供有力支持
	优化资源配置	在有限的资金和资源条件下,科学合理地分配和使用激励资源
		加强对激励资源的监管和评估,确保资源的有效利用和避免浪费

综上所述,尽管在实施激励机制的过程中确实面临着许多困境,但通过采取一系列有效的对策,仍然可以克服这些难题。首先,建立多元化激励机制是关键,这意味着不仅要依赖于物质奖励,还要结合精神激励、职业发展机会等多种手段,以满足不同员工的需求和期望。其次,完善绩效考核体系也是至关重要的一步,通过科学、公正的考核方法,确保员工的努力和贡献得到合理的认可和回报。此外,提高员工参与度同样不容忽视,通过让员工参与到激励机制的设计和实施过程中,可以增强他们的归属感和认同感,从而提高他们的工作积极性和满意度。

进一步地，紧密结合组织目标也是解决激励困境的重要策略之一。只有当激励机制与组织的长远目标和战略紧密结合时，才能确保员工的努力方向与组织的发展方向一致，从而提高整体的工作效能。最后，优化资源配置也是不可忽视的一环，通过合理分配人力、物力和财力资源，确保激励机制的顺利实施，避免资源浪费和不公平现象的发生。

通过上述对策的综合运用，我们可以有效地解决激励机制实施过程中遇到的困境，进一步提高激励机制的效果，从而提升组织的工作效能，实现组织和员工的共同发展。

第五章
职场晋升的智慧之路：步步为赢

职场晋升的智慧之路，是一条需要精心布局与不懈努力的征途，其核心在于"步步为赢"。这不仅意味着要在专业技能上精益求精，成为领域内不可或缺的人才，更要求我们在人际交往、团队协作中展现出高超的情商与领导力。每一步都需脚踏实地，既要勇于承担挑战，敢于突破自我限制，又要在关键时刻保持冷静，以智慧和策略应对复杂多变的职场环境。

此外，要学会倾听与沟通，建立良好的人际关系网，让每一次的成功都成为下一次飞跃的坚实基石。职场之路虽长且艰，但只要秉持持续学习、勇于创新的精神，每一步都精准踏在成长的节拍上，最终定能抵达职业生涯的高峰，实现个人价值与梦想的双重飞跃。

职业定位的深远影响

职业定位，简单来说就是个体为谋取自身发展而确定的未来职业方向与目标，并为实现这一目标提前进行的一系列相关活动，如上学、培训、实习、工作等。它是个体整个职业生涯发展的总体"导航图"，包括个体的价值观、兴趣、能力、个性以及职业倾向等。

我们来了解一下职业定位的含义及原则（表5-1）。

表5-1　职业定位的含义及原则

定位	内容	详解
含义	确定自己是谁，你适合做什么工作	这涉及个体的自我认知，包括了解自己的性格、兴趣、价值观、技能等
	告诉别人你是谁，你擅长做什么工作	这是个体向外界展示自己的过程，通过简历、面试、自我介绍等方式，让雇主或他人了解个体的职业能力和价值
	在自己的期望职位上，如何表现才能获取成功	这涉及个体的职业规划和发展策略，包括制定职业目标、提升职业技能、拓展职业网络等，以确保个体在职业生涯中不断进步和成功
原则	择己所爱	从事一项自己喜欢的工作，工作本身就能给人带来满足和快乐
	择己所长	任何职业都需要一定的能力才能胜任，个体应该选择那些能发挥自己长处的职业
	择世所需	在选择职业时，要分析社会的需求和变化趋势，选择那些社会需求量大、发展前景好的职业
	择己所利	职业是个人谋生的手段，其目的在于追求个人幸福

职业定位是个体职业生涯发展的基础，它有助于个体明确职业方向、提升职业技能、拓展职业网络，从而实现个人价值和职业成功。

我们该如何作出准确的职业定位呢？建议参考表5-2中的步骤。

表5-2 制定职业定位的步骤

步骤	关键点	内容
自我评估	了解个人兴趣	通过职业兴趣测试（如霍兰德职业兴趣测试）来了解自己的兴趣所在
		反思自己过去喜欢从事的活动、感兴趣的领域，以及在这些活动中获得的满足感
	明确个人价值观	思考你对于工作、生活、家庭等方面的价值观
		确定哪些价值观对于你的职业选择至关重要
	评估个人能力和技能	分析你目前掌握的技能、知识和经验
		识别你擅长和需要提升的领域
	了解个人性格	通过性格测试（如MBTI）来更深入地了解自己的性格类型
		思考你的性格特点如何影响你的职业选择和职业发展
行业与职业研究	了解行业趋势	研究不同行业的发展前景、市场需求和竞争状况
		关注新兴行业和传统行业的变革趋势
	探索职业机会	查找与你的兴趣和技能相关的职业岗位
		了解这些职业的工作内容、工作环境、薪资待遇等
	分析职业要求	确定你感兴趣的职业所需的技能、资格和经验
		制订计划来提升自己以满足这些要求
设定职业目标	确定短期和长期目标	设定与你当前能力和兴趣相匹配的短期目标
		设定更具挑战性的长期目标，以激励自己不断进步
	制订行动计划	列出实现目标所需的步骤和资源
		设定时间表和里程碑来跟踪进度
实践与调整	获取实践经验	通过实习、兼职、志愿服务等方式获取与职业目标相关的实践经验
		这些经验有助于你更好地了解自己和行业
	建立职业网络	与行业内的专业人士建立联系，了解行业动态和就业机会
		参加行业会议、研讨会和社交活动来拓展你的人脉

续表

步骤	关键点	内容
实践与调整	持续学习与调整	保持对新技术、新知识和新趋势的关注和学习
		根据实际情况调整你的职业目标和行动计划
	保持积极心态	职业定位是一个持续的过程，需要耐心和毅力
		保持积极的心态，相信自己能够找到适合自己的职业道路

通过以上步骤，我们可以逐步明确自己的职业定位，并制订可行的计划来实现职业目标。记住，职业定位是一个动态的过程，随着个人的成长和行业的发展，需要不断调整和优化我们的职业规划。

其实，职业定位对个人职业生涯的深远影响不容忽视。首先，职业定位能够帮助每一个职场人明确自己的职业目标和方向，通过深入了解自己的优势和兴趣，最终找到出适合自己的职业领域。明确的职业定位减少了职业选择的盲目性，不仅对于刚要步入职场的新人，且对于处在迷茫期的职场人也非常适用。

职业定位除了让自己明确职业目标和方向，还能提升职业竞争力，毕竟在选择时选择的是自己擅长的领域。而且，在后期个人可以更加专注于所选领域的学习与实践，不断提升自己的职业技能和知识储备。简单来说，就是当一个人有了确定的方向，只剩下努力了。

在职场上，越早地给自己定位，越能够在领域中塑造个人品牌。其实就是越早找到自己的赛道，才能比别人更快地在赛道上冲刺。通过展示自己的优势、专业、经验，逐步建立起自己的影响力。

最终，通过职业定位让自己实现自我价值，增强职业稳定性与满意度。我们会发现越是总换公司、换行业的人，越是很难实现成功。企业也是如此，如果一个企业在一个领域干了几年又跳到另一个领域，从纵向上来看，它实际上不管在哪个领域都落后于其他企业。

职场人亦是如此，所以，准确的职业定位还能增强个人的职业稳定性和满意度。由于选择了适合自己的职业道路，个人在面对职场挑战和困难时才能够更有信心和决心去克服。

综上所述，职业定位对个人职业生涯的深远影响，体现在明确职业目标与方向、提升职业竞争力、塑造个人品牌、实现自我价值以及增强职业稳定性与满意度等多个方面。因此，对于每个职场人来说，进行准确的职业定位是实现职业生涯成功的重要前提和基础。

职业晋升的内在规律与趋势

职业晋升无疑是衡量一个职场人实现自我价值的重要标志。晋升，不仅关乎薪资的增长、地位的提升，更是个人能力与价值的直接体现。然而，职业晋升不是一拍脑门、一蹴而就的，而是遵循着内在规律与趋势。

关于职场晋升，可以从纵向和横向两个方向来看。纵向晋升就是从下往上，比如从销售专员到销售主管再到销售经理。这种晋升方式需要员工具有扎实的专业知识和技能，以及对从事职业的深入了解和热爱。所谓纵向，实际上就是员工有着明确的发展目标和持续的职业成长。纵向晋升对员工的挑战，是需要员工承担更大的责任和压力，以及承担着企业所期待的更高的业绩。

横向晋升是指不同部门或者岗位之间的转换，这种晋升一般来说在一个公司里比较少见。比如，设计专员横向晋升为研发专员，销售专员横向晋升为行政专员。横向晋升也有薪酬变化，比如设计专员每个月 6 000 元，但研发专员每个月 8 000 元，可是这就要求员工能够快速适应新环境和新岗位。

横向晋升的优势在于员工能够接触到更多业务领域和职位，但俗话说"隔行如隔山"，一般来说，职场人选择横向晋升付出的精力、时间等远远大于纵向晋升。

职业晋升是有内在规律的，下面我们通过表格看一下职场晋升的内在规律（表 5-3）。

表5-3　职业晋升的内在规律

方法	内容
能力匹配原则	无论在哪个行业，核心竞争力的提升是晋升的首要条件。这包括专业技能的精进、团队协作能力的提升、领导力的培养等
持续学习与创新	在快速变化的市场环境中，学习力成为衡量一个人潜力的重要指标
绩效导向	职场中，业绩说话。出色的工作成绩是晋升最直接的证明
人际网络建设	良好的人际关系网不仅能够提供更多的信息和资源，还能够在关键时刻得到同事和上级的支持
心态与自我管理	积极乐观的心态、良好的自我管理能力，能够帮助个人在面对挑战时保持冷静，有效应对压力，这也是高层管理者所看重的能力之一

职场晋升除了技术与能力这样的硬实力之外，人格特质这样的软实力也占据着重要的位置。比如，自信心、适应性、责任感等，是职业晋升中不可或缺的软实力。这些特质往往难以量化，但却能在关键时刻发挥重要作用。自信心能够让人在面对挑战时保持冷静和自信，适应性能够让人快

速适应新环境和新任务，责任感则能够让人在工作中始终保持高度的责任心和敬业精神。这些人格特质不仅能够提升个人的职业素养和工作能力，还能够为团队带来积极的影响。因此，在职业发展过程中，我们要注重培养自己的人格特质，以更好地适应职业发展的需要。

所以，对于每一个职场人而言，专业技能、通用技能和人格特质是职业晋升不可或缺的三大要素。只有不断提升自己的专业技能水平，加强通用技能的锻炼和培养，同时注重人格特质的塑造和提升，才能够在职业道路上不断前行，实现自己的职业目标。

那么，在了解了职业晋升的内在规律之后，我们再来聊一下职业晋升的趋势。职业晋升将面临诸多新的机遇与挑战。随着数字化转型的加速，数字化人才的需求急剧增加，但供给却难以跟上，特别是在一些新兴领域和前沿技术方面，人才短缺的现象尤为突出。

同时，高端人才的短缺也将成为未来职场的一大挑战。企业需要具备核心竞争力的人才来推动业务的发展，而这类人才往往具有稀缺性和高价值性。因此，员工必须不断提升自己的专业素养和综合能力，才能在竞争中脱颖而出，实现职业晋升。我们通过表格的形式来看一下职业晋升趋势（表5-4）。

表5-4 职业晋升的趋势

方法	内容
数字化与技术驱动的晋升路径	随着人工智能、大数据、云计算等技术的快速发展，具备相关技能和知识的专业人才在各行各业中越发抢手
跨部门与跨领域的复合型人才	企业越来越倾向于招聘和培养能够跨越不同部门和领域工作的复合型人才，这种跨界的能力不仅提高了工作效率，也促进了创新思维的发展

续表

方法	内容
可持续发展与社会责任	企业对社会责任的关注度日益增强，这意味着在职场中，那些能够推动可持续发展项目、关注环境保护和社会公益的员工，将获得更多晋升机会
灵活工作模式与远程工作	疫情加速了远程工作和灵活工作制度的普及，未来的职业晋升将更加注重个人效率与团队协作的平衡，以及对新技术工具的熟练掌握
领导力与情商的重要性提升	在团队协作日益重要的今天，卓越的领导力和高情商成为区分领导者与普通员工的关键因素

职业晋升趋势这一块还是应该与时俱进地来看，但是，无论趋势如何，我们都应该清楚职业晋升是一场马拉松，而非短跑。它要求我们在不断提升自身能力的同时，紧跟时代步伐，灵活适应职场变化。理解并遵循职业晋升的内在规律，把握未来趋势，将使我们在这场旅程中更加从容不迫，最终实现职业生涯的飞跃。记住，每一步扎实的努力，都是通往成功之巅的坚实基石。

从职场新秀到行业领袖的蜕变之旅

我们看到过很多从职场新秀到行业领袖的案例，因为每一位行业领袖都是从职场新秀慢慢成长起来的。在职场的广阔舞台上，每个人都是自己故事的主角，从初出茅庐的新秀到引领行业的领袖，这不仅是职位的变迁，更是个人成长、视野拓宽与责任担当的深刻体现。这段蜕变之旅，充满了挑战与机遇，需要智慧、勇气与不懈的努力。

我们来看一个案例。王明辉出生在一个普通的工人家庭，父母坚信知识改变命运。毕业之后，王明辉成为职场上的新人，他进入了一家中型科技公司从事软件开发工作。

在王明辉看来，自己的工作虽然稳定且收入不菲，但是中型公司在发展过程中呈现出一些与他的理想格格不入的矛盾。已经在行业里有了声誉和个人品牌的王明辉，最终还是决定辞职创业，创办自己的社交电商公司。2014年他与几个志同道合的朋友在社交电商还没有站在风口时，就进入社交电商这一赛道。

在经历了许多困难和挑战后，王明辉凭借独特的视角和不懈的努力，带领团队逐步走向成功。时间飞逝，10年之后，王明辉的企业在社交电商领域取得了显著成绩，并成为社交电商领域的标杆，他也成了备受瞩目的创新领袖。

根据这个案例我们可以发现，从职场新人到领域大咖都有其曲折的过程，也要经由不同的步骤（表5-5）。

表5-5　职场新人到领域大咖的步骤

步骤	意义	方法	内容
初入职场	奠定基石	态度决定高度	作为职场新秀，首要任务是树立正确的职业态度。这包括积极的学习态度、谦逊的合作精神以及强烈的责任心
		技能与知识的积累	专业技能是职场生存的硬通货，不断提升自己的专业技能和知识储备，同时，培养解决问题的能力，学会在复杂环境中寻找解决方案
		建立良好的人际关系	职场不仅是个人能力的竞技场，也是人际网络的构建地

续表

步骤	意义	方法	内容
职场进阶	挑战与成长	承担更多责任	随着经验的积累，主动寻求承担更多责任，参与更复杂、更具挑战性的项目
		领导力的培养	领导力是职场晋升的关键。学会带领团队，激发团队成员的潜力，有效协调资源，达成共同目标
		持续学习与创新	职场变化日新月异，保持学习的热情，紧跟行业动态，不断学习新知识、新技术。同时，鼓励创新思维，勇于尝试新方法，为团队和企业带来新的增长点
迈向领袖之路	视野与担当	拓宽视野，全球视角	随着全球化进程的加速，具备国际视野成为行业领袖的必备素质
		战略规划与执行	行业领袖需要具备长远的眼光，能够制定并执行战略规划，引领企业可持续发展
		社会责任感与影响力	作为行业领袖，不仅要关注企业的经济效益，更要承担社会责任，推动可持续发展
蜕变的关键	自我反思与成长		在整个蜕变过程中，自我反思是不可或缺的一环。定期审视自己的职业道路，评估自己的成就与不足，及时调整职业规划

对于每一个在职场上奋斗的人而言，从一个初出茅庐的新手逐渐蜕变为一个在某个行业具有影响力的领袖，这无疑是一段充满着无数挑战与宝贵机遇的旅程。在这个过程中，我们需要不断地提升自己的专业技能和个人能力，同时也要不断地拓宽自己的视野，以更全面的角度去理解和应对各种复杂的问题。此外，我们还需要积极地承担起社会责任，通过自己的努力和贡献，推动整个行业的发展和进步，成为引领行业发展的先锋和领路人。

在这个蜕变的过程中，我们必须时刻保持清醒的头脑和坚定的信念，因为每一次的成长和进步，都不可避免地伴随着痛苦和磨砺。这些痛苦和磨砺，或许来自工作中的种种困难和挑战，或许来自个人生活中的种种压力和困扰。然而，正是这些经历，让我们变得更加坚韧和成熟，让我们在面对未来的各种挑战时，能够更加从容不迫、游刃有余。

因此，每一个职场人都应该珍惜这段充满挑战与机遇的旅程，勇敢地面对每一次的痛苦与磨砺，不断地提升自己，不断地超越自己。只有这样，我们才能在职场的道路上越走越远，最终实现从职场新秀到行业领袖的蜕变。

从自我管理到团队引领的飞跃

讲从自我管理到团队引领，实际上就是讲一个人从普通职员到成为团队领导。作为职场人，有很多都是从员工慢慢成为团队领导，从自己听从团队领导飞跃成为自己领导团队。这一节，我们讲的就是一个职场人的晋升飞跃。

先来看看张伟从程序员到项目经理的蜕变。张伟是一名拥有计算机科学学士学位的年轻程序员，初入职场时在一家知名科技公司担任软件开发工程师。他以扎实的编程技能和对技术的热情，迅速在团队中崭露头角。

张伟还是一名程序员时是处于自我管理阶段，在这一阶段，张伟首先专注于自我技能的提升，不仅深入学习最新的编程语言和框架，还积极参加各种技术培训和研讨会，以保持自己在技术领域的领先地位。除此之外，张伟开始实践时间管理技巧，制订每日工作计划，确保自己能够集中精力处理重要且紧急的任务。虽然只是一名公司的程序员，但是却能够将公司所交代的工作有条不紊、保质保量、按时按需地完成。因此得到公司老板的赏识。

张伟不仅从硬实力上下功夫，更是在软实力上提升自己。比如，面对工作压力，张伟学会了用多种方式来调节情绪，保持积极的心态，避免将负面情绪带入工作中。

一个技术过硬、情绪稳定的程序员，自然而然会得到晋升的机会。张伟很快就被晋升为项目经理，这时他就进入了团队引领阶段。在这一阶段，张伟的角色已经转变，他意识到自己的角色已经从技术执行者转变为团队领导者。他开始主动学习项目管理知识，如敏捷开发、需求管理等，以更好地指导团队工作。

自己作为程序员时，只需要干好自己的工作，听从上级领导安排，但是张伟成了项目经理后，就必须注重与团队成员的沟通，以确保项目的进度和质量。而且为了增强团队凝聚力，张伟还会组织一系列团队建设活动，提升团队协作能力，解决团队内部因工作引起的矛盾等。

张伟从自我管理到团队引领的蜕变过程，展示了个人成长与团队发展的紧密联系。通过不断提升自我技能、优化时间管理、有效调节情绪，张伟为成为优秀的团队领导者打下了坚实的基础。在担任项目经理后，他更是通过加强沟通协作、团队建设、决策与授权等措施，成功引领团队实现了共同成长和进步。

通过张伟的案例，我们发现自我管理是团队管理的基石。要成为一个有效的团队管理者，不仅需要技能、知识、经验等，还要能够管理好自己，包括对自己的情绪、时间和行为进行有效的管控。

情绪管理至关重要。在工作中，我们难免会遇到各种挑战和压力，如果不能很好地控制自己的情绪，就容易在冲动之下做出错误的决策，或者将负面情绪传递给团队成员。学会冷静思考，以积极的心态面对问题，是自我管理的关键一环。当面临挫折时，不抱怨、不气馁，而是通过迅速调整心态，寻找解决问题的方法。

下面通过表格的形式展示从自我管理到团队引领的内容（表5-6）。

表5-6 自我管理到团队引领

步骤	方法	具体内容
自我管理：职场成长的基石	目标设定与执行力	职场新人需学会为自己设定短期与长期职业目标，并制订实现这些目标的行动计划
	时间管理与优先级排序	学会区分任务的紧急与重要性，合理安排时间，确保关键任务得到优先处理
	持续学习与自我提升	职场变化日新月异，持续学习成为保持竞争力的关键
从自我管理到团队管理的过渡	角色转变与心态调整	包括从个人贡献者转变为团队领导者，从关注自我成长转变为关注团队整体绩效
	团队构建与人才识别	作为团队领导者，构建一支高效、互补的团队至关重要
	沟通与冲突解决	领导者需掌握有效的沟通技巧，确保信息的准确传递，同时，建立开放、包容的团队文化，鼓励团队成员之间的正向交流
团队引领：领导力的塑造与提升	愿景设定与目标对齐	优秀的领导者能够为团队设定清晰的愿景，并通过有效的目标设定与分解，确保团队成员明确自己的工作方向
	激励与赋能	领导者需了解团队成员的个人目标与动机，通过正向激励（如表彰、晋升机会）与个性化激励（如职业发展规划、培训机会）相结合的方式，激发团队成员的工作积极性和创造力
	领导力与自我反思	领导者需定期进行自我反思，评估自己的领导风格与决策效果，寻求反馈，不断优化领导策略

其实，在职场上从自我管理到团队领导，是一个不断成长和蜕变的过程。在这个过程中，需要持续学习和不断实践。学习新的管理理念和方法，借鉴优秀领导者的经验，结合自己的实际情况，不断探索适合自己的领导风格。

同时，要勇于面对挑战和挫折。在领导团队的过程中，不可避免地会遇到各种问题和困难。不逃避、不退缩，积极寻找解决问题的办法，从失败中吸取教训，不断积累经验。

此外，要保持谦虚的态度。领导力的发展是一个永无止境的过程，即使取得了一定的成绩，也不能骄傲自满。不断反思自己的不足之处，向团队成员和其他领导者学习，不断提升自己的领导能力。

总之，领导力的发展是一个从自我管理到团队领导的逐步升华的过程。通过不断的自我提升和团队实践，一个优秀的领导者能够带领团队在激烈的市场竞争中脱颖而出，实现共同的目标和愿景。让我们不断努力，提升自己的领导力，为个人和组织的发展创造更大的价值。

塑造系统思维，成就中层管理精英

在职场的金字塔结构中，中层管理者扮演着承上启下的关键角色。他们不仅是战略执行的推动者，也是团队创新的引领者。但是，在中层管理者的位置上并不轻松，它在纵向与上下级相连，在横向又与各部门相连。我们通过表5-7来看一下中层管理者的工作内容。

表5-7 中层管理者的工作内容

内容	详解
战略执行与落地	理解并传达高层的战略意图，确保团队目标与公司整体战略保持一致
	制订具体的实施计划和行动方案，将战略转化为可操作的任务和指标
	监督战略执行过程，及时调整策略以应对市场变化或内部挑战
团队管理	招聘、选拔和培训团队成员，确保团队具备完成任务所需的能力和素质
	设定明确的工作目标和期望，为团队成员提供指导和支持
	评估团队成员的绩效，提供反馈和奖励，激励团队成员持续改进
	解决团队内部的冲突和问题，维护团队的和谐与稳定
项目管理与协调	负责项目的规划、执行和监控，确保项目按时、按质、按量完成
	协调跨部门、跨团队之间的合作，确保资源得到有效利用
	管理项目风险，制定应对措施，降低项目失败的可能性
决策制定	在授权范围内做出日常运营和管理的决策，如预算分配、资源调配等
	参与制定公司层面的重要决策，如市场策略、产品开发等
	分析市场趋势和竞争对手动态，为公司提供决策支持
沟通与协调	与高层管理者保持密切沟通，汇报工作进展和遇到的问题
	与基层员工保持联系，了解他们的需求和意见，确保信息畅通
	协调内外部资源，解决工作中的问题和挑战
流程优化与改进	分析现有工作流程和制度，识别存在的问题和瓶颈
	提出并实施流程优化方案，提高工作效率和质量
	引入新的管理工具和技术，提升团队的管理水平
文化建设与传承	传承公司的核心价值观和企业文化，确保团队成员理解和认同
	营造积极向上的工作氛围，激发团队成员的工作积极性和创造力
	举办团队建设活动，增强团队凝聚力和归属感

中层管理者在公司起到"承上启下""纵横相连"的作用，所以工作内容比较多，责任与身上的担子也比较重。比如，赵敏作为一家传统制造

业企业的 CEO，同时也是一位优秀的中层管理者。

在面对行业转型的压力时，赵敏意识到，必须从被动适应市场变化转向主动创新，引领行业变革。为推动变革，赵敏首先在公司内部营造了一种鼓励创新的文化氛围。她组织跨部门的"创新工作坊"，激发员工的创意和潜能。同时，她亲自带领团队进行市场调研，深入了解行业趋势和客户需求。通过这些努力，赵敏成功激发了团队的创新活力，并制定出一套切实可行的创新转型方案。

在转型过程中，赵敏充分发挥了系统思维的优势。她不仅关注产品和技术创新，还从供应链管理、市场营销等多个维度出发，构建了一个全面的创新体系。这一体系不仅提升了企业的核心竞争力，还为企业带来了持续的盈利增长。赵敏的转型之路充分展示了系统思维在中层管理中的重要性。她还通过全面分析企业面临的内外环境，制定了切实可行的创新战略，并成功引领企业走出了困境，实现了可持续发展。

通过赵敏的案例，我们发现塑造系统思维对于中层管理者来说至关重要。通过系统思维，中层管理者能够更好地把握企业整体战略，优化资源配置，提高团队协作效率，从而推动企业实现可持续发展。

在中层管理这一位置上，系统思维作为一种全面、动态、关联性的思考方式，已经成为中层管理者提升领导力、优化决策质量、促进团队协作的重要工具。本节将深入探讨如何塑造系统思维，帮助中层管理者实现职业生涯的飞跃。

那么，什么是系统思维？如何塑造系统思维策略呢？来看表 5-8。

表5-8 如何塑造系统思维

系统思维	方法	内容
系统思维的核心要素	全面视角	系统思维要求管理者从全局出发,理解组织内部各组成部分之间的相互关系,以及它们与外部环境的联系
系统思维的核心要素	动态分析	系统处于不断变化之中,系统思维强调理解这种变化,并预测其可能带来的影响
	关联性思考	在复杂系统中,一个微小的变化可能在其他地方引发连锁反应。系统思维要求管理者识别这些关联,理解它们如何影响整个系统,从而作出更加周全的决策
塑造系统思维的策略	跨学科学习	+系统思维涉及多学科知识,包括系统科学、复杂性理论、生态学等。通过跨学科学习,中层管理者可以拓宽视野,理解不同领域的系统原理和规律,为解决问题提供新的视角
	实践经验积累	中层管理者应积极参与跨部门、跨领域的项目,通过实际操作体验系统的复杂性和动态性,锻炼自己的系统思维能力
	反思与总结	每次决策或项目结束后,都应进行深入的反思与总结
	培养团队系统思维	作为中层管理者,不仅自己具备系统思维,还要通过培训、讨论、案例分享等方式,提升整个团队的系统思维能力
系统思维在中层管理中的应用	优化决策流程	系统思维能够帮助中层管理者在决策时考虑更多因素,包括长期影响、利益相关者的反应、外部环境的变化等,从而作出更加全面、科学的决策
	促进团队协作	通过理解团队成员之间的关联性和依赖性,中层管理者可以更好地协调资源,激发团队的创新潜力,构建更加高效、和谐的团队文化
	应对不确定性	在快速变化的市场环境中,系统思维使中层管理者能够预见潜在风险,制定灵活的应对策略,确保组织在不确定的环境中保持竞争力

由此可见，系统思维是中层管理者实现职业进阶的重要武器。它不仅能够帮助管理者在复杂多变的商业环境中作出更加明智的决策，还能促进团队的协同与创新，推动组织的可持续发展。通过跨学科学习、实践经验积累、反思与总结以及团队系统思维的培养，中层管理者可以逐步塑造自己的系统思维能力，成为职场中的佼佼者，引领团队，成为中层管理精英。

跨越管理边界，迈向领导力新高度

在职场的征途中，中层管理者是连接战略与执行、团队与组织的桥梁。然而，仅仅停留在中层管理的舒适区，不足以支撑个人职业生涯的长远发展。

比如祝丹丹，她是一名80后，2005年毕业于南方一所著名大学，主修财务。毕业后，她在一家颇有名气的民营企业夏盛公司做管理培训生。然而，她并不满足于现状，而是向往外企的工作环境和薪资福利。在夏盛公司工作期间，祝丹丹积累了丰富的职场经验，并学会了如何与不同层级的同事和领导沟通。

之后，祝丹丹离开夏盛公司，加入世界500强企业百味可公司，担任会计工作。在外企，她接触到了更加先进的财务管理制度和工作环境。在百味可公司，祝丹丹迅速适应了新的工作环境，并展现出了出色的工作能力。她得到了主管李思思和部门经理格丽丝的认可，并在短时间内晋升为助理主管。

此时，已经成为中层管理者的祝丹丹并没有待在自己的"舒适区"，反而是跨越管理边界，迈向领导力新高度。祝丹丹开始管理公司的财务团队，她拼尽全力去掌握会计高级技能及微软办公软件，并努力了解团队成员的工作习惯和性格特点。她通过实际经验来锻炼和提升自己的领导能力，如激励员工、化解冲突等。同时，她也积极参与跨部门项目，拓宽视野并理解组织内部不同部门的运作和关联。

经过多年的努力和积累，祝丹丹最终晋升为财务计划和分析团队的财务经理，成为公司第13位管理团队成员。成为高层管理者后，祝丹丹开始引领变革，推动公司财务管理制度的优化和创新。她注重与团队成员的沟通和协作，与团队成员共同制订公司的发展目标和计划。

通过祝丹丹的职场经历，我们发现她属于从基层员工快速成长为中层管理者，进而又成长为高层领导者。祝丹丹的升职之路充满了挑战和机遇。她通过不断学习、积累经验、提升领导力和适应新环境，最终成功地从中层管理者晋升为高层管理者。

当然，在我们身边，除了祝丹丹的案例外，还有许许多多其他成功的管理者也在职场中实现了从中层到高层的跨越。这些成功案例的共同点在于他们都具备出色的领导力、战略思维、团队管理能力以及学习能力和适应能力。这些素质是成为高层管理者的关键所在，通过表5-9来看一下成为高层管理者所要具备的关键素质。

表5-9 高层管理者素质要素

关键素质	方式方法	具体内容
卓越的领导力	愿景设定	高层管理者需要为公司设定清晰、有吸引力的愿景,并激励员工共同努力实现这一目标
	团队激励	他们擅长识别员工的优势和潜力,通过有效的激励手段提升团队的整体表现
	决策与执行	高层管理者需要果断决策,并能够带领团队高效执行,确保公司战略的有效落地
战略思维与规划	市场洞察	他们具备敏锐的市场洞察力,能够准确判断行业趋势和竞争对手动态
	长期规划	高层管理者需要为公司制定长期发展战略,确保公司在复杂多变的市场环境中保持竞争力
	资源配置	他们擅长根据公司战略,合理分配资源,确保关键项目和业务的顺利进行
高效的决策能力	信息分析	高层管理者能够迅速收集并分析相关信息,为决策提供依据
	风险评估	他们具备出色的风险评估能力,能够在不确定的环境中作出明智的决策
	决策执行	高层管理者需要确保决策的有效执行,及时调整策略以应对市场变化
出色的人际交往能力	沟通协作	他们擅长与不同层级、不同部门的人员进行有效沟通,促进团队协作
	关系建立	高层管理者需要建立广泛的业务关系网络,为公司争取更多的资源和机会
	冲突解决	他们具备出色的冲突解决能力,能够妥善处理内部和外部的冲突和纠纷
自我认知与成长	自我反思	高层管理者需要定期进行自我反思,识别自己的优势和不足,制订个人成长计划
	持续学习	他们具备强烈的学习意愿和能力,能够紧跟行业发展趋势,不断提升自己的专业素养和管理能力
	情绪管理	高层管理者需要具备良好的情绪管理能力,能够在压力下保持冷静和理智,为公司作出正确的决策

由此可见，当我们在职场上从中层管理者迈向高层管理者的位置时，不管是身上的担子还是背负的责任都更大。然而，前面的章节提到过人是有需求的，从基本的生理需求、安全需求、归属需求，再上升到精神层面的需求。在职场中亦是如此，跨越管理边界、迈向领导力的新高度是每一位中层管理者职业生涯的目标，也是每一位高层管理者必经之路。

诚然，不是每一位职场人都有这样的能力能达到高层管理者的位置，但一个人活着总要有目标、有方向、有理想。比如，别人的小目标可能是"先挣一个亿"，但我们作为普通人能不能把小目标定在"先存款五位数"呢？

作为职场人，当你一步步走上中层管理者的位置，势必也要给自己立一个小目标。目标就是努力的方向，作为一名中层精英你可以通过拓宽视野、提升决策能力、增强影响力与魅力，以及采取持续学习、跨部门合作、外部网络构建、勇于承担风险与创新等策略，让自己迈向高层管理者的新高度。

不过，作为职场人一定要清楚"欲速则不达"的道理，同理，领导力的发展是一个持续的过程，需要耐心、毅力和不断地学习与实践。

从幕后英雄到内外兼修的王者

在直播行业中，"幕后英雄"转战到"台前"最终成为王者的案例很多。比如，大家都知道的付鹏。他在早期曾是著名大主播李佳琦的小助理，在李佳琦的直播间协助李佳琦进行直播的各项工作。作为助理，付鹏在幕后承担了诸多工作，包括策划直播内容、准备产品、协助李佳琦进行直播等。

他凭借对直播行业的深刻理解和出色的工作能力，逐渐在李佳琦的团队中崭露头角，此时付鹏的位置就是公司的中层管理者。随着时间的推移，付鹏开始尝试在直播中露面，与观众进行互动。他的直播风格平易近人，与观众建立起了良好的互动关系，逐渐积累了一定的粉丝基础，并在后期成为口碑颇佳的大主播。

付鹏的成功并非偶然，而是他长期努力的结果。他凭借对直播行业的深刻理解、出色的工作能力以及平易近人的直播风格，成功地从幕后走到了台前，并最终成为一名备受关注的大主播。

和直接能够展现出"幕后"和"台前"的直播领域不同，在职场的广阔舞台上，扮演着默默无闻却至关重要的角色的中层管理者才是团队中的"幕后英雄"，其默默推动着项目的进展，协调着资源的分配，确保着团队的和谐与效率。所以，幕后英雄成为内外兼修的王者从来不是一件简单的事，通过表5-10，我们来看一下幕后英雄的成长之路。

表5-10　幕后英雄的成长路程

步骤	方法	具体内容
幕后英雄的成长之路	1. 专业技能与团队管理的双重修炼	作为中层管理者，首先需要具备扎实的专业技能，这是赢得团队尊重与信任的基础。同时，也需要掌握团队管理的艺术，包括人员调配、激励与沟通，确保团队目标的顺利实现
	2. 战略思维与全局视野的培养	从日常运营中抽离出来，培养战略思维，理解公司的长远目标和愿景，以及自己在其中的角色。同时，拓宽视野，关注行业动态，理解外部环境的变化，为公司的战略决策提供有价值的建议

续表

步骤	方法	具体内容
幕后英雄的成长之路	3. 影响力与人际网络的构建	通过有效的沟通、激励和榜样作用，建立自己在团队和组织中的影响力。同时，积极构建和维护外部网络，包括行业内的专家、合作伙伴等，为公司的业务发展提供支持
从幕后到台前的跨越	1. 领导力的展现	领导力不仅仅是管理技巧，更是一种影响力。中层管理者需要在关键时刻展现出决断力、勇气与担当，成为团队的精神支柱
	2. 公众形象与品牌塑造	高层领导者需要具备一定的公众演讲和表达能力，能够在公司内部和外部场合中自信地表达公司的愿景和战略
	3. 变革管理与危机应对	在快速变化的市场环境中，高层领导者需要具备变革管理的能力，能够引领团队适应新的市场环境和技术趋势
内外兼修的王者风范	1. 内在修养的提升	真正的王者风范不仅体现在外在的成就和影响力上，更体现在内在的修养和品质上
	2. 持续学习与自我提升	领导力的发展是一个持续的过程
	3. 平衡工作与生活	高层领导者的工作压力大，但也需要注重工作与生活的平衡

从表5-10中的成长路程可以看到，一个中层管理者从幕后走到台前，最终成为高层管理者、成为王者，不仅要在专业技能上有所建树，还要在领导力、沟通能力、人际关系等多方面都有所提升。这样的转变意味着个体已经从单一领域的专家成长为能够全面管理、领导团队的王者。

而"内外兼修"中的"内"是指中层管理者内在的专业技能和素养，而"外"则是指外在的领导力以及人际交往的能力。合起来就是既具有深厚的专业知识，这是硬实力，必须过硬；又要有灵活进行人际交往的技巧，这是软实力，也要过硬。

最终成为王者，除了自身的专业技能和领导力之外，还需要具备高瞻远瞩的战略眼光、坚韧不拔的毅力和果断的决策能力。

其实，"从幕后英雄到内外兼修的王者"不仅是对个人职业生涯发展的生动描述，也是对个人能力和领导力全面提升的深刻诠释。它鼓励我们在专业领域内不断精耕细作的同时，也要注重培养自己的领导力和人际交往能力，以更好地适应不断变化的社会和工作环境。

第六章
职业生涯的规划与精细化管理

步入社会的那一刻就开启了我们的职业生涯，有些人进入职场之后还对自己的未来充满迷茫，因为他在进入职场前并没有给自己做一个很好的规划。多少人忙忙碌碌地当一天和尚撞一天钟，很多人进入一家公司并不是因为这家公司在他的职业规划中，而是因为这家公司薪资不错、离家比较近等，总之，有一个客观条件能够满足自己。

这样的工作一开始没有任何问题，但当你在这家公司待了三五年，你就会越来越迷茫。当一个员工和公司的"蜜月期"过了，就会生出大大小小的矛盾，这时候，才是一个职场人最迷茫的时刻。公司对于他而言，就像是鸡肋，食之无味弃之可惜。因为，没有规划和精细化管理的职业生涯，就像是海上漂行的船看不到灯塔。作为职场人，一定要清楚职业生涯的规划与精细化管理才是个人职场成功的重要基石。

自我认知与精准职业定位

职场中的自我认知是个人对自身在工作环境中的能力、兴趣、价值观、个性特点以及职业倾向等方面的深刻理解和认识。这种认知对于个人的职业发展至关重要，因为它直接影响到个人的职业选择、工作表现以及职业满足感。我们来看一下与自我认知相关的要素（表6-1）。

表6-1　自我认知相关要素

概念	特征	内容
自我认知的要素	能力认知	了解自己的专业技能和软技能水平，包括沟通能力、团队合作能力、领导能力、创新能力等
		认识到自己的强项和弱点，并据此制订提升计划
	兴趣认知	识别自己真正热爱的工作领域和活动，这些通常与个人的兴趣、激情以及满足感紧密相连
		理解兴趣如何与职业选择相结合，以找到既符合兴趣又具有发展前景的职业
	价值观认知	明确个人在工作和生活中所看重的价值观，如成就感、自主性、工作与生活平衡等
		这些价值观将指导个人在职业决策中的选择，确保工作与个人价值观保持一致
	个性特点认知	识别自己的性格特征，如内向、外向、理性、感性等，以及这些特征如何影响工作表现
		根据个性特点调整工作策略，以更好地适应工作环境和团队文化
	职业倾向认知	了解自己的职业兴趣和目标，包括期望的职业类型、行业、职位等
		通过职业倾向测试、行业调研等方式，深化对职业领域的了解，为职业规划提供依据

续表

概念	特征	内容
自我认知的方法	自我反思	定期花时间思考自己的工作经历、成就和挑战，以及这些经历如何塑造了自己的职业观
		评估自己的职业满意度和成就感，找出需要改进的地方
	寻求反馈	向同事、上级或导师寻求关于自己工作表现的反馈，了解他们眼中的自己
		注意倾听并吸收建设性意见，以改进自己的职业技能和态度
	职业测试与评估	利用职业性格测试、职业兴趣测试等工具，更深入地了解自己的职业倾向和优势
		参考测试结果，结合个人实际情况，制订更具体的职业规划
	持续学习与成长	通过阅读、培训、实践等方式，不断拓宽自己的知识和技能领域
		保持好奇心和求知欲，勇于尝试新事物，以提升自己的职业竞争力

在职场中，通过自我认知能够清晰地帮助自己作出更符合自己兴趣和能力的职业决策。此外，当我们进入职场之后，因为从事的工作符合我们的兴趣，且工作技能又擅长，这时候，就很容易获得满足感和成就感。所以说，自我认知能够满足自身精神层面的需求，并且还能够了解自己的优势和劣势，这更有利于制定有效的职业发展。

面对职场变化和挑战，具有自我认知的人往往能够在困境中，在挑战前，更快地调整好心态和策略，以适应新的工作环境和需求。所以，自我认知是个体对自身的深入了解与认识，包括性格特质、兴趣爱好、优势与劣势、价值观与职业动机等。它如同职场航行的罗盘，为个体指明前行的方向。清晰的自我认知能够帮助个体识别自己的核心竞争力，理解自己在职场中的独特价值，从而避免盲目跟风，减少职业选择的迷茫与困惑。

而精准职业定位则是职业成功的灯塔，我们在上一章节讲述过职业定位，这里多加了一个词"精准"，就是在自我认知的基础上，结合市场需求与行业趋势，为自己设定的职业发展方向与目标。

精准职业定位的案例有很多，以下提供了几个不同背景和情境下的案例，以供参考（表6-2）。

表6-2 自我认知的案例

案例	具体内容	
案例一：小郭的职业定位	小郭是某高职院校计算机应用专业的一名大二学生。他意识到自己对专业课程不感兴趣，尤其是在编程方面无法投入热情。于是，他求助于职业规划咨询师	
	职业测评	通过Pathway Planner职业心理测评，发现小郭的语言数字能力中等偏高，行为特征各项指标均处于中间位置，对不同职业均有良好的适应性
	职业定位	咨询师建议小郭结合所学专业，将计算机软件及互联网的销售类职业作为个人职业的发展方向
	实施策略	小郭开始准备简历，并在课余时间做兼职销售。他参加了某化妆品公司的农村陌生拜访工作，虽然起初遇到困难，但最终坚持下来并获得小组销售业绩第一
案例二：小虎的职业定位	小虎是一名法律专业专科应届毕业生。他希望家里能给自己安排工作，但未能如愿。在就业市场屡屡碰壁后，经辅导员劝导考取专升本	
	就业观念问题	小虎在择业期间，依赖家庭安排，好高骛远，盲目追求高薪和专业对口就业
	职业定位转变	辅导员进行就业观教育，并鼓励他考取法律资格证书，从事与法律相近的行业
	实施策略	小虎在本科期间努力学习，最终取得法律职业资格证书。现在，他在老家县城的法律事务所工作，工资可观，未来可期
案例三：小静的职业定位	小静是一名本科应届毕业生，接连在法考、考研、省考等考试中失利，情绪低落	
	职业测评与兴趣	小静的霍兰德职业兴趣结果为REC，价值观选择为安全感、追求新颖、独立性
	职业指导	职业指导师通过帮助小静挖掘成就事件、梳理成功上岸经验、解读就业政策等方式，增强其自我效能

续表

案例		具体内容
	职业定位与实施	小静认清了自己的优势和能力，决定先通过司法考试，然后冲击公检法司的公务员考试。如果近两年不能上岸，就选择去律师事务所做律师助理。这次职业指导让小静对自己的职业发展方向有了清晰的定位

所以，精准职业定位就是职场上的灯塔，为个体照亮前行的道路。但是，精准职业定位需要职场人具备敏锐的市场洞察力，了解行业的发展趋势与人才需求，同时结合自己的兴趣与能力，选择最适合自己的职业路径。在这个过程中，个体需要保持开放的心态，勇于尝试与探索，不断调整与优化自己的职业定位，以适应不断变化的市场环境。

总之，在职业生涯中，每个人都需要不断地审视自我，保持对职业定位的敏感与灵活性。通过持续学习、技能提升与经验积累，个体可以不断拓宽自己的职业道路，实现个人价值的最大化；同时，也要勇于面对挑战与失败，将每一次挫折视为成长的机遇，不断磨砺自己的意志与能力，为职场成功铺就坚实的道路。

洞悉企业文化与岗位需求的契合点

在职场的征途上，我们可能会进入不同的企业，每家企业都有自己不同的企业文化。洞悉企业文化是一个多维度、深层次的过程，它要求你不仅从表面观察企业的行为和规范，还要深入理解其背后的价值观和行事方式。以下是一些帮助我们洞悉企业文化的关键步骤（表6-3）。

表6-3　洞悉企业文化的关键步骤

具体步骤	实施方法	具体内容
观察企业行为和规范	日常行为	留意员工之间的相处方式，如他们是否友好、互助，以及他们如何对待客户和合作伙伴
	工作规范	了解企业的规章制度、工作流程和决策过程，这些通常能反映出企业的管理风格和效率
研究企业价值观	企业使命和愿景	这些通常会在企业的官方网站、宣传册或内部文件中找到，它们阐述了企业存在的目的和长远目标
	核心价值观	企业所倡导的核心价值观，如诚信、创新、客户至上等，这些价值观会渗透到企业的各个方面
倾听员工的声音	员工访谈	与不同层级的员工进行交谈，了解他们对企业的看法和感受
	内部沟通	关注企业的内部通信、会议和公告，这些往往能透露出企业的文化氛围和沟通方式
体验企业活动	团队建设	参与企业的团队建设活动，如户外拓展、团队培训等，这些活动能体现企业的凝聚力和团队精神
	庆祝活动	观察企业如何庆祝重要的节日、纪念日和成就，这些活动能反映出企业的文化特色和庆祝方式
分析企业历史和背景	发展历程	了解企业的创立背景、发展历程和关键事件，这些能揭示企业的成长轨迹和背后的文化力量
	创始人理念	研究企业创始人的思想和理念，他们通常是企业文化的重要塑造者
关注企业社会形象	社会责任	了解企业是否积极参与社会公益活动，以及它们如何对待环境和社区
	媒体形象	关注媒体对企业的报道和评价，这些能反映出企业的社会影响力和公众形象
自我反思和评估	个人价值观与企业文化的契合度	思考自己的价值观、兴趣和职业目标与企业文化是否相符
	职业发展前景	评估企业文化是否能为自己的职业发展提供支持和机会

通过以上步骤，我们可以更全面地洞悉企业文化，从而作出更明智的职业决策。

当进入一家公司并了解了该公司的企业文化之后，就能够更好地融入团队、发挥潜能。了解企业文化，更要了解自己的岗位需求。

岗位需求是组织为实现特定目标而设定的对员工的期望与要求。它涵盖了岗位所需的技能、知识、经验以及个人特质等多个方面。精准把握岗位需求，能够帮助个体明确自己的职业定位，找到与自己能力相匹配的工作机会，从而在职场上发挥更大的价值。

在了解企业文化和岗位需求之后，就要找到它们的契合点，一般来说是价值观的一致性、行为规范的契合、职业发展的支持、组织效能的提升等四个方面。

企业文化和岗位需求的价值观必然一致，企业文化是企业的核心价值观和行为准则的体现，它规定了员工在工作中应遵循的原则和规范。而岗位需求则明确了员工在具体工作中需要完成的任务和职责。当企业文化与岗位需求在价值观上保持一致时，员工更容易理解和接受企业的价值观，从而更加积极地投入工作中。比如，企业文化强调的是诚信、创新，那么岗位需求中对员工的要求就应具有员工的诚信品质、创新思维等。

当价值观一致之后，行为规范就会很契合，如果企业文化倡导团队合作和沟通协作，那么岗位需求中就应该包含对员工团队协作能力的要求。例如，企业文化通常包括一系列的行为规范，这些规范旨在引导员工在工作中表现出符合企业价值观的行为。而岗位需求则要求员工具备特定的技能和素质，以完成工作任务。当企业文化中的行为规范与岗位需求相契合时，员工就能更好地在工作中展现出自己的才能和专长。

此外，企业文化不仅影响员工的日常工作表现，还关系到员工的职业发展和成长。当企业文化与岗位需求在职业发展方面相契合时，员工就能获得更多的发展机会和成长空间。例如，如果企业文化注重员工培训和职业发展，那么岗位需求中就应该包含对员工培训和发展计划的要求。这样，员工就能在工作中不断学习和成长，提升自己的职业能力和素质。

最后，企业文化与岗位需求的契合度还直接影响到企业的组织效能。当企业文化与岗位需求高度契合时，员工之间的协作和配合会更加顺畅，从而提高工作效率和质量。比如，企业强调的是创新和变革，那么岗位需求中必然包含对员工具有创新思维和变革能力的要求。

所以，洞悉企业文化与岗位需求的契合点，不仅能够提高个体的求职成功率，还能够促进个人在职场上的长期发展。在个人能够真正融入企业文化、发挥个人优势、为组织创造价值的同时，也能在职场上找到属于自己的舞台，实现个人价值与职业梦想的双重飞跃。

SMART原则在职业目标设定中的精妙运用

SMART原则是一种广泛应用于目标设定和管理的方法论，旨在通过明确、可衡量、可达成、相关性和有时限的目标来提高目标实现的可能性。它由五个英文单词的首字母组成：Specific（具体）、Measurable（可衡量）、Achievable（可达成）、Relevant（相关性）和Time-bound（时限明确）。以下是关于SMART原则的详细解释（表6-4）。

表6-4 SMART概念

特征	内容
具体（Specific）	目标应该清晰明确，具体描述期望的成果。避免使用模糊或笼统的词汇，如"尽可能多地""尽力而为"等
	例如，一个具体的目标可能是"在3个月内提高客户满意度至90%以上"
可衡量（Measurable）	目标应该具有可量化的标准，以便评估进度和成果
	例如，可以使用客户满意度调查、销售额增长、项目完成率等指标来衡量目标是否达成
可达成（Achievable）	目标应该是现实可行的，应考虑到可用资源、技能和时间限制
	设定过高的目标可能导致挫败感，而过低的目标则可能缺乏挑战性
相关性（Relevant）	目标应该与组织或个人的长期目标、战略方向保持一致
	确保每个目标都对实现更广泛的目标有贡献
时限明确（Timebound）	目标应该设定明确的时间框架，以激发紧迫感和责任感
	例如，可以设定"在接下来的6个月内"或"在本季度末之前"等时间限制

SMART原则作为一种高效的目标设定和管理工具，应用范畴覆盖了个人发展、企业管理、项目管理、教育培训、政府和非营利组织、个人财务管理、健康与健身、时间管理、团队协作、性能评估等多个领域，其核心在于提高目标设定的有效性和可执行性。以下是SMART原则在部分场景下的具体运用方法（表6-5）。

表6-5 SMART在部分场景下的具体应用

应用	方法	内容
个人发展	设定具体目标	例如，"在接下来的3个月内，每周至少阅读两本与我的专业领域相关的书籍，并撰写一篇读书笔记"
	量化衡量标准	设定明确的阅读数量和笔记质量评估标准，如"每本书至少阅读80%的内容，并撰写至少500字的读书笔记"

续表

应用	方法	内容
个人发展	确保目标可达成	评估自己的阅读速度和理解能力,确保设定的目标在能力范围内
	保持目标相关性	确保阅读的内容与个人的职业发展或兴趣爱好紧密相关
	设定明确时限	如"在接下来的3个月内"完成阅读计划
企业管理	制定业务目标	例如,"在接下来的6个月内,将公司的销售额提高20%"
	量化销售指标	设定具体的销售额、市场份额或新客户增长率等量化指标
	制定可实现的策略	分析市场趋势、竞争对手和客户需求,制定切实可行的销售策略
	确保目标与公司战略一致	确保业务目标与公司的长期战略目标和愿景保持一致
	设定明确的执行时间	如"在接下来的6个月内"实现销售额增长目标
项目管理	明确项目目标	例如,"在3个月内完成××项目的开发和上线"
	设定可衡量的里程碑	如"在两个月内完成需求分析,在1个月内完成设计和开发"
	制订可实现的计划	根据项目需求、团队能力和资源情况,制订详细的项目计划
	确保项目目标与业务需求一致	确保项目目标与公司的业务需求、客户期望和市场趋势保持一致
	设定明确的交付时间	如"在3个月内"完成项目的开发和上线
运用技巧注意事项	分解大目标	将大目标分解为一系列小目标,以便更容易跟踪和管理
	定期回顾和调整	定期回顾目标的完成情况,并根据实际情况进行调整和优化
	保持灵活性	虽然SMART原则强调目标的明确性和时限性,但在实际操作中也要保持一定的灵活性,以适应不可预见的变化
	鼓励团队合作	在团队中推广SMART原则,鼓励团队成员共同设定和追求目标

接下来,我们重点来看一下SMART原则在职业目标设定中的应用

（表6-6）。

表6-6 SMART在职业目标设定中的具体应用

应用	特征	内容
提升专业技能	具体（Specific）	在接下来的6个月内，通过参加培训课程和自主学习，提升我的××专业技能水平，确保在专业技能考核中达到优秀等级
	可衡量（Measurable）	通过专业技能考核，获得优秀等级
	可达成（Achievable）	根据个人学习能力和时间安排，设定合理的目标和计划
	相关性（Relevant）	提升专业技能有助于个人在职场上的竞争力和职业发展
	时限明确（Timebound）	6个月内完成
拓展人际关系网络	具体（Specific）	在接下来的3个月内，主动参加行业内的交流活动，与至少5位行业内专家建立联系，并保持定期沟通
	可衡量（Measurable）	与行业内专家建立联系的数量和沟通频率
	可达成（Achievable）	根据个人时间和精力的分配，设定合理的目标和计划
	相关性（Relevant）	拓展人际关系网络有助于获取更多的职业机会和资源
	时限明确（Timebound）	3个月内完成
实现职位晋升	具体（Specific）	在接下来的两年内，通过提升工作绩效和领导能力，争取晋升至更高的职位
	可衡量（Measurable）	工作绩效的提升、领导能力的增强以及职位晋升的实际情况
	可达成（Achievable）	根据个人工作表现和公司的晋升机制，设定合理的目标和计划

续表

应用	特征	内容
实现职位晋升	相关性（Relevant）	职位晋升是个人职业发展的重要里程碑，有助于提升个人地位和收入
	时限明确（Time-bound）	两年内完成

在实际应用中，SMART原则在职业目标设定中呈现出来的优势包括提高目标实现的效率、增强自信和动力、提升自我管理能力等。比如，明确的目标能够帮助个人集中精力，避免分心，并制订合理的行动计划。当在职场上看到自己的进步时，个人会更有成就感、更有动力去继续努力。所以，SMART原则能够帮助个人培养良好的时间管理习惯，并提升对目标的规划和执行能力。

由此可见，SMART原则在职业目标设定中发挥着精妙的作用，它能够帮助个人制定明确、具体、可衡量、可达成、有时间限制的目标，从而更有效地规划职业生涯并实现个人成长。因此，在设定职业目标时，可以运用SMART原则，为自己的职业发展之路铺设坚实的基石。

跨行业与跨领域发展的策略规划

对于一个职场人而言，跨行业与跨领域发展都有着一定的难度。比如，跨行业与跨领域发展往往涉及不同企业文化、管理风格和运作方式的融合。这些差异可能会导致沟通不畅、理解偏差，甚至会产生摩擦和冲突；不同行业和领域通常拥有各自独特的技术体系、专业知识和技能要求，跨行业与跨领域发展意味着需要跨越这些技术和知识壁垒。

很多事都是一把双刃剑,虽然跨行业与跨领域会面临巨大的难度,但是跨行业与跨领域发展是职场人士寻求新机遇、拓宽视野、实现个人价值的重要方式。然而,在这一过程中面临的挑战与不确定性也不容忽视。为了成功实现跨行业与跨领域发展,个人需要制定一套科学合理的策略规划,以下是一些关键步骤和策略建议(表6-7)。

表6-7 跨行业跨领域具备要素

关键步骤	策略建议	具体内容
自我评估与定位	明确个人优势与兴趣	深入了解自己的专业技能、工作经验、兴趣爱好以及长期职业目标,识别在跨行业或跨领域发展中能够发挥优势、激发热情的领域
	评估市场趋势与需求	研究目标行业或领域的市场状况、发展趋势、人才需求等,确保所选方向具有发展前景和市场需求
技能与知识储备	学习新技能	通过在线课程、专业培训、实习或项目经验等方式,学习目标行业或领域所需的专业技能和知识
	拓展知识广度	通过阅读行业报告、专业书籍,参加行业会议等,了解目标行业或领域的背景、市场动态、竞争格局等
	建立人脉网络	通过社交媒体、行业论坛、专业社群等渠道,与目标行业或领域的专业人士建立联系,获取行业内部信息和资源
制定职业发展路径	设定短期与长期目标	根据市场需求和个人优势,设定清晰的职业发展目标,包括短期(如获得某项专业认证、参与某个项目)和长期(如晋升至某个职位、成为行业专家)目标
	规划行动步骤	为实现目标,制订具体的行动计划和时间表,包括学习计划、项目参与、人才拓展等
	持续评估与调整	定期评估职业发展路径的可行性,根据市场变化和个人能力调整目标和行动计划

续表

关键步骤	策略建议	具体内容
增强适应性与韧性	培养跨领域思维	学会从多个角度思考问题，理解不同行业或领域之间的关联性和差异性，提高解决问题的能力
	保持开放心态	对新事物保持好奇和接纳的态度，勇于尝试和学习，不断挑战自己的舒适区
	建立心理韧性	面对跨行业与跨领域发展过程中的困难和挑战，保持积极的心态，学会应对压力和挫折
利用资源与支持	寻求导师指导	找到在目标行业或领域有丰富经验的导师，获取职业发展的建议和指导
利用资源与支持	加入专业组织	加入与目标行业或领域相关的专业组织或协会，参与活动，扩大人脉网络，获取行业资源
	利用职业发展平台	利用在线职业发展平台，如职业导师网站、行业论坛等，获取职业建议、学习资源和就业机会

跨行业与跨领域发展需要个人具备明确的职业规划、持续的学习能力、强大的适应性和韧性，以及善于利用资源和支持。通过制定科学合理的策略规划，个人可以更有效地实现跨行业与跨领域发展，拓宽职业道路，实现个人价值的最大化。在这个过程中，保持积极的心态和持续的努力是至关重要的。

突破职业瓶颈与成功转型的实战方法

每一个职场人在进入职场之后，都会遇到自己的职场瓶颈，我们来看一下一般的职场瓶颈都包括哪些（表6-8）。

表6-8 职场瓶颈

类别	内容
技能瓶颈	当前技能已达到极限，难以继续提升
	缺乏学习新技能或提升现有技能的机会和资源
职位瓶颈	所在的职位没有进一步晋升的空间
	公司的晋升制度不健全或竞争激烈，难以获得晋升机会
发展瓶颈	在当前职位上难以获得更多的发展机会，如项目经验、管理能力等
	缺乏清晰的职业规划，不知道下一步应该如何发展
人际关系瓶颈	与同事、上级或下属关系紧张，影响工作氛围和职业发展
	缺乏有效的沟通技巧和人际交往能力，难以在职场中建立良好的人际关系
行业瓶颈	所在行业发展缓慢或前景不明朗，限制了个人的职业发展
	行业变革导致原有的技能和经验变得不再适用
心态瓶颈	缺乏自信，不敢尝试新的工作机会或挑战
	对未来感到迷茫，缺乏职业目标和动力
外部机会瓶颈	市场竞争激烈，难以找到满意的工作机会
	缺乏外部信息和资源，难以了解行业趋势和最新发展

职业瓶颈，犹如职场生涯中的一道隐形障碍，常常悄无声息地影响着个人的职业发展进程。它可能表现为工作进展缓慢，无论是职务晋升还是收入增长，都陷入了停滞不前的状态；也可能表现为职业满足感的下降，对当前的工作内容、工作环境或薪酬待遇产生厌倦和不满；还可能表现为技能停滞不前，感到自己在专业技能和知识上无法进一步提升。

识别这些信号至关重要。需要个人进行深刻的自我反思，审视自己的职业状态是否与个人的职业规划保持一致。同时，建议将个人的职业发展置于更广阔的背景中，关注行业发展趋势、市场需求变化以及新兴技术的影响，分析自身在技能、知识、心态等方面是否存在短板或落后于时代的现象。

面对职业瓶颈，不应选择逃避或忽视，而应将其视为一次自我提升和成长的机会。通过深入分析，找出问题的根源所在，为后续可能的职业转型、技能提升或工作调整做好充分准备。只有这样，才能在职场竞争中保持敏锐的洞察力和持续的竞争力，实现个人职业发展的新突破。

我们来看一下职业转型路径（图6-1）。

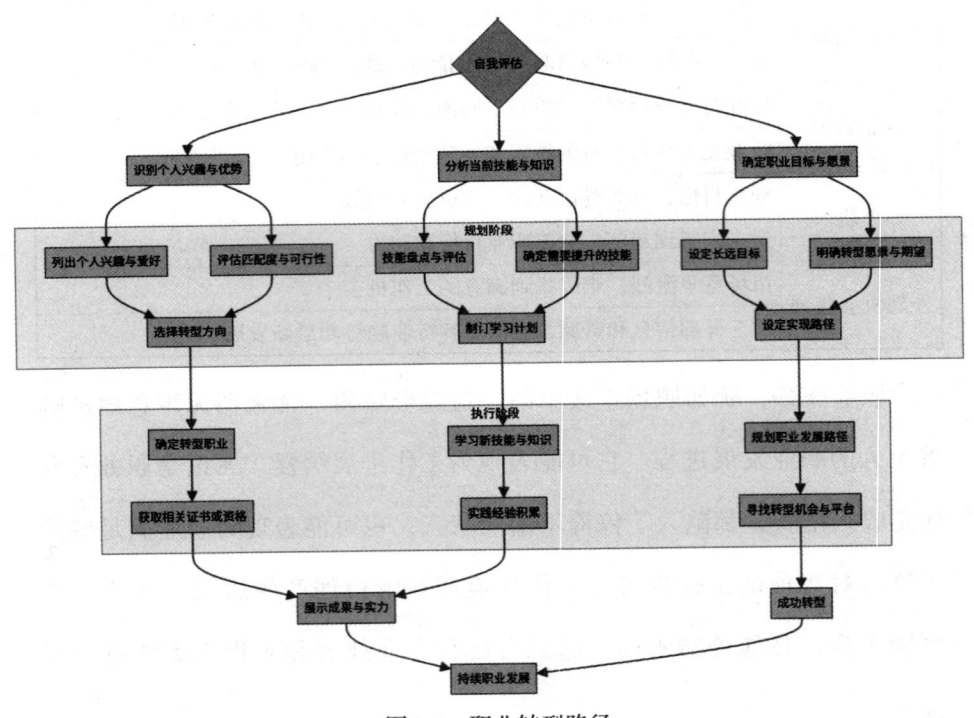

图6-1 职业转型路径

通过图6-1能够发现，想要转型，其中一个很重要的因素就是提升自己的知识、技能。在职业转型的过程中，关键技能的识别与提升是一个至关重要的环节。首先，个体需要深入了解当前岗位所需技能，并在此基础上预见未来行业发展趋势，以便提前布局，确保在转型过程中具备竞争力。为此，可以通过自我评估、行业调研、参加专业研讨会等形式，全面梳理并识别出对转型成功至关重要的关键技能。

关键技能可能包括但不限于数据分析、项目管理、创新思维、沟通协调能力等。这些技能是在职场中取得成功的关键因素，也是职业转型时需要重点提升的方面。一旦识别出关键技能，下一步就是制订详细的学习计划，并采取多种方式进行系统性提升。例如，可以通过在线课程、线下培训、实践操作等多种途径，不断磨炼和强化这些关键技能。

除此之外，人脉资源是职业生涯中至关重要的财富，它不仅关乎个人职业发展的速度与高度，还可能直接影响到工作绩效、业务拓展，甚至企业战略决策的制定与实施。为了有效地拓展行业人脉，首先需要积极参与各类线上线下活动，如行业研讨会、论坛、讲座、工作坊，以及社交性质的网络聚会等，这些场合往往会聚了众多行业内外的专业人士，他们可能拥有不同的背景、技能和视角，但都与你所关注的行业紧密相连。

通过这些渠道，不仅要结识与你直接相关的行业专家、同行精英，还要关注那些新兴市场领域的领军人物和未来之星。在互动交流中，不仅要展示自身的专业能力和独特见解，更要倾听他人的经验分享，汲取他们的智慧和见解。同时，利用现代通信工具，如 QQ、LinkedIn（领英）、Twitter、微信、小红书、快手、抖音等社交媒体平台，建立并维护广泛而深入的人脉联系。

在拓展人脉的过程中，务必秉持真诚、尊重和互惠的原则。真诚交流意味着用心倾听他人的需求和诉求，积极给予建设性的反馈和建议，而不是单纯地追求自我宣传或利益交换。价值互换则要求你在给他人提供帮助的同时，也寻求他人的支持与合作，这样才能建立起稳固的伙伴关系。在不断互动与合作中，逐步增强彼此间的信任感，进而形成长期稳定的合作关系，为未来可能的职业转型或跨界发展奠定坚实的基础。

在实际的转型过程中，只有通过亲身实践，才能深刻体会到哪些策略有效、哪些技巧实用。因此，在执行转型计划时，我们需要不断总结实践经验，根据实际情况调整优化策略。例如，如何高效管理时间以应对多任务挑战，如何在高压环境下保持积极心态并有效调节情绪，如何提升沟通技巧以增进理解、减少误解，如何培养创新思维以适应快速变化的市场需求等。

这些实战策略与技巧的应用和掌握程度将直接影响到个人转型的成功与否。随着时间的推移和实践经验的积累，这些策略与技巧也会不断丰富和完善，形成一套独特且具有竞争力的个人转型体系。

树立终身学习理念，引领职业发展新高度

好不容易完成了九年义务教育，三年拼搏、四到五年的本科学业……终于告别了书本，进入了职场。可是，为什么我们还要在职场中树立终身学习的理念？

因为在快速变化的现代社会中，职场环境日益复杂多变，技术迭代速度加快，市场需求不断变化，行业竞争日益激烈。面对这样的环境，职场

人必须树立终身学习的理念，以适应不断变化的市场需求，保持个人竞争力，实现职业发展和个人成长。

在信息技术爆炸式增长的今天，人工智能、大数据、云计算等前沿科技正以前所未有的速度改变着我们的生活和工作方式。职场中，传统岗位不断被智能化所取代，新兴职业如雨后春笋般涌现。面对这样的变革，唯有不断学习，掌握新知识、新技能，才能跟上时代的步伐，不被时代淘汰。终身学习理念，让我们在知识的海洋中遨游，不断充实自己，成为适应时代变迁的强者。

身处职场的我们，会感受到越来越激烈的职场竞争，而职场竞争归根结底是人才与能力的竞争。树立终身学习理念，意味着我们愿意并有能力不断挑战自我，追求卓越。通过学习，我们不仅能够提升专业技能，还能够增强沟通能力、团队协作能力、领导力等软技能，从而全面提升个人竞争力。在激烈的职场竞争中，这样的我们，无疑将拥有更多的选择权和主动权，引领自己的职业发展走向新的高度。

另外，作为职场人，我们要清楚学习不仅是为了应对当前的挑战，更是为了拓宽视野，预见未来。通过不断学习，我们能够了解行业动态、把握市场趋势，甚至预测未来职业的发展方向。这种前瞻性的视野，将使我们能够在职业生涯中做出更加明智的选择，避免盲目跟风，找到真正适合自己的发展道路。同时，学习还能激发我们的创造力，鼓励我们勇于尝试新事物，为职业发展注入源源不断的活力。

和在学校中接受教育不同，在职场中，学习是为了迎接更多未知的挑战,毕竟机会只会留给有准备的人。当我们坚持学习之后,再面对困难和挑战,终身学习理念会教会我们保持开放的心态,勇于接受新事物,敢于面对未知。这种心态的调整,将使我们在面对挑战时更加从容不迫,能够迅速调整策略,找到解决问题的方法。同时,学习还能帮助我们建立积极的心态,面对失败时能够从中吸取教训,不断前行。

由此可见,终身学习,不仅仅是为了职业发展,更是为了实现自我价值。通过学习,不仅能够提升自己的认知水平和思维能力,还能够拓宽自己的知识领域和视野,培养自己的创新能力和批判性思维。这些能力的提升,将使我们更加自信、更加独立,能够在职场中发挥自己的最大潜能,实现个人价值和社会价值的双重提升。

总之,树立终身学习理念,是职场人应对时代变迁、提升个人竞争力、拓宽职业视野、调整心态以及实现自我价值的必由之路。让我们以学习为舟,以知识为帆,乘风破浪,引领职业发展至新的高度,共同书写属于自己的精彩人生篇章。

构建职业网络,加速职业成长步伐

构建职业网络是加速职业成长步伐的重要策略之一。一个强大的职业网络不仅可以为你提供宝贵的职业机会,还能帮助你获取行业动态、拓宽视野、学习新技能和建立信任与合作关系。以下是一些构建职业网络的策略(表6-9)。

表6-9 构建职业网络

策略		内容
明确职业目标		在构建职业网络之前,首先需要明确自己的职业目标和需求
利用社交媒体	建立专业账号	在专业社交媒体平台上建立个人职业档案,展示自己的工作经历、技能和成就
	参与行业群组	加入与自己行业相关的群组或论坛,积极参与讨论,分享经验和见解,从而扩大人脉圈
	定期更新内容	定期更新社交媒体资料,分享最新的工作经历和成就,保持与人脉的互动和联系
参加行业活动	行业会议	参加行业内的会议、研讨会和网络研讨会,结识更多的同行和专业人士
	专业组织和社团	加入专业组织和社团,参与其中的项目、担任志愿者或参加培训课程
维护校友网络	参加校友聚会	参加校友聚会或加入校友组织,与曾经在同一所学校学习的校友建立联系
	寻求导师	在校友网络或专业协会中寻找导师或行业内的资深人士,向他们请教建议,获取职业发展的指导和支持
建立有价值的关系	真诚交流	在与他人初次接触时,要表现出真诚和热情
	提供价值	如果能够为对方提供帮助、解决问题或分享有用的信息,那么对方会更愿意与你保持联系,并在未来可能的情况下回报你的帮助
定期维护网络	保持联系	定期与联系人保持沟通,不要只是在需要帮助时才想起他们
	兑现承诺	如果承诺为对方做某事,一定要按时兑现承诺
	给予支持	在对方取得成就或面临困难时,给予真诚的祝贺或支持
持续更新与发展	评估现有联系人	定期评估现有的联系人,对于那些已经不再与职业目标相关或关系逐渐疏远的联系人,可以适当减少投入的时间和精力
	拓展新的人脉	随着职业发展和兴趣的转变,需要结识新的人脉,拓展网络的范围和领域

在职业生涯的长河中,每个人都在寻找属于自己的航道,渴望加速成长,实现职业晋升。我们来讲一下普通职场人李华的职场经历。李华曾经

是一个默默无闻的普通职员，通过构建职业网络，不仅加速了自身的职业成长步伐，最终更是成功地从普通职员晋升为团队领导，书写了一段令人瞩目的职场传奇。

初入职场的李华，面对的是一片陌生的天地。他深知，仅凭专业技能的掌握，难以在职场中脱颖而出。于是，他首先明确了自己的职业目标——成为一名优秀的团队领导，并以此为方向，开始构建自己的职业网络。

为了实现这一目标，李华开始积极学习，不仅限于专业技能的提升，更包括对行业趋势、公司文化、团队协作等方面的深入了解。他利用业余时间参加各种培训课程、行业研讨会，不断提升自己的综合素质。同时，他通过社交媒体和专业平台，结识了许多行业内的前辈和同行，积极与他们交流学习，拓宽了自己的视野。

在构建职业网络的过程中，李华非常注重与同事和上级的沟通。他主动承担更多的工作任务，积极参与团队合作，用实际行动展现了自己的能力和价值。同时，他善于倾听他人的意见和建议，与同事建立了良好的关系。在公司内外，他都积极寻找机会，与不同背景的人建立联系，逐渐构建了一个庞大的职业网络。

机会总是留给有准备的人。有一次，公司面临一个重要的项目，需要组建一个跨部门团队来完成。李华凭借自己出色的沟通能力和广泛的人脉资源，被选为团队的一员。在项目中，他充分发挥自己的专业能力和团队协作精神，带领团队解决了一个又一个难题，最终成功完成了项目。这次经历不仅让李华得到了公司的认可和奖励，更让他在职场中崭露头角，赢得了同事和上级的尊重。

经过几年的努力和积累，李华的职业网络日益完善，他的职业能力和领导力也得到了显著提升。在一次内部晋升机会中，他凭借出色的表现成功晋升为团队领导。在新的岗位上，他更加注重团队建设和人才培养，营造积极向上的工作氛围。他利用自己的职业网络，为团队带来了更多的资源和机会，带领团队不断取得新的成就。

李华的职场经历告诉我们，构建职业网络是加速职业成长步伐的重要途径。通过积极学习、主动沟通、把握机遇等策略，我们可以逐渐建立一个强大的职业网络，为自己的职业发展提供有力的支持。同时，我们也要注重个人能力的提升和团队协作精神的培养，只有这样，才能在职场中脱颖而出，实现自己的职业梦想。李华从普通职员到团队领导的蜕变之旅，正是职业网络力量的生动体现。

个人品牌与职业发展的双向赋能

我们需要注意的是，在职场中建立个人品牌是一个长期而持续的过程，这不仅仅是一个简单的任务，更是一个需要你在职场中不断努力和积累的过程。通过明确个人定位、提升专业能力、塑造个人形象、建立人际关系、利用社交媒体、保持诚信和责任感以及持续学习和自我提升等策略，就能够逐渐打造出一个强大的个人品牌。这个品牌将是你职业身份的象征，它能够为你的职业发展创造更多机会和可能，让你在竞争激烈的职场中脱颖而出（表 6-10）。

表6-10 建立个人品牌

方法	步骤	内容
明确个人定位	自我探索	深入了解自己的兴趣、优势、价值观和目标，明确自己的职业方向和定位
	细分市场	在职业领域内找到适合自己的细分市场或专业领域，成为该领域的专家
	品牌核心价值	提炼个人品牌的核心价值，如创新、专业、领导力等，确保所有行动都围绕这一核心展开
提升专业能力	深入学习	通过课程、书籍、研讨会等途径，不断精进自己的专业技能和知识
	实践应用	将所学知识应用于实际工作中，解决实际问题，积累实战经验
	成果展示	通过项目、案例、论文等方式，展示自己的专业成果和成就
塑造个人形象	形象管理	注重着装、仪表和言行举止，塑造专业、自信的形象
	个人品牌故事	构建并传播自己的品牌故事，展现个人经历、价值观和愿景
	线上形象	维护个人社交媒体账号，确保内容专业、正面，体现个人品牌的核心价值
建立人际关系	网络建设	积极参与行业活动、社交聚会，拓展人脉圈
	有效沟通	学会倾听、表达和反馈，建立良好的人际关系
	合作共赢	寻找合作机会，与他人共同创造价值，提升个人品牌的影响力
利用社交媒体	平台选择	根据目标受众选择适合的社交媒体平台，如LinkedIn、微博、微信公众号等
	内容创作	发布有价值的内容，如行业洞察、专业见解、个人经验分享等
	互动管理	积极回应评论、私信和提问，与粉丝建立联系，增强个人品牌的互动性
保持诚信和责任感	诚信为本	始终坚守诚信原则，言行一致，赢得他人的信任和尊重
	责任感	对自己的工作、团队和社会负责，展现强烈的责任感和使命感
	危机管理	在面临挑战和危机时，勇于承担责任，积极解决问题，维护个人品牌的声誉

续表

方法	步骤	内容
持续学习和自我提升	终身学习	保持好奇心和求知欲，不断学习新知识、新技能
	反思与调整	定期反思个人品牌的发展情况，根据市场变化和个人目标进行调整
	寻求反馈	主动寻求同事、导师、客户的反馈，了解个人品牌的优缺点，持续改进

当我们建立起自己的个人品牌时，就需要将个人品牌与职业发展相融合。毕竟，个人品牌与职业发展之间存在着紧密的双向赋能关系。一方面，个人品牌的塑造能够极大地推动职业发展；另一方面，职业发展的成功又会反过来增强个人品牌的影响力。

讲一个案例，吴士宏是一位在跨国公司有着丰富工作经验的职业经理人。她凭借自己的努力和才华，在职场中取得了显著的成就。同时，她也非常注重个人品牌的塑造和传播。我们一起来看一下，她是怎么做的呢？

首先，吴士宏撰写了自传《逆风飞飏》，详细叙述了自己在两家著名跨国公司的14年修炼故事。这本书不仅展现了她的职场经历和成长历程，还体现了她坚韧不拔、勇于挑战的精神。通过自传，吴士宏成功塑造了一个积极向上、具有领导力和影响力的个人品牌形象。

接下来，吴士宏积极利用媒体资源，通过电视、报纸、网络等多种渠道宣传自己的个人品牌。她经常接受媒体采访，分享自己的职场经验和心得，进一步提升了个人品牌的知名度和影响力。

在成功打造了个人品牌之后，吴士宏吸引了众多企业和猎头公司的关注。她收到了许多高薪职位的邀请，职业发展的机会显著增加。凭借个人品牌的加持，吴士宏在职场中更具竞争力，能够轻松获得更好的职业机会和发展空间。

当一个人的个人品牌成为她的符号，随着个人品牌的影响力不断提升，吴士宏在职场中的地位也日益提高。她不仅成了企业争相追捧的人才，还受邀参加各种行业论坛和研讨会，成为业内的知名人士。与此同时，个人品牌的提升也为吴士宏带来了更多的职业荣誉和认可，使她在职场中更加自信和从容。

所以说，打造个人品牌与职场发展双向赋能的效果是很显著的，比如吴士宏，她通过塑造和传播个人品牌，成功吸引了众多企业和猎头公司的关注，为自己赢得了更多的职业机会和发展空间。之后，随着职业发展的不断进步，吴士宏积累了更多的职场经验和资源，为她进一步提升个人品牌提供了有力支持。

可持续发展视角下的职业规划与未来展望

在可持续发展视角下进行职业规划，不仅关乎个人的职业发展，更与社会的长远利益紧密相连。

可持续发展理念为职业规划提供了明确的指引。在职业选择和发展过程中，我们需要将环保、社会责任和可持续发展作为核心要素进行考虑。

例如，选择绿色职业，如环评工程师，便是这一理念在职业规划中的具体体现。环评工程师不仅需要在技术层面具备环境影响评价的专业能力，还需要在价值观上认同并推动可持续发展。通过科学评估项目对环境的影响，为可持续发展提供有力支持，这不仅是对个人专业技能的考验，更是对社会责任的担当。

职业规划是一个漫长而复杂的过程，需要个体在职业发展中不断调整和完善。在这一过程中，我们必须认识到职业规划的长期性和动态调整的重要性，以便更好地应对职业市场的变化和个人成长的需求。

职业规划的长期性主要体现在其持续性和系统性上。职业规划不是一次性的决策，而是一个长期的过程，需要我们在职业生涯中不断地进行调整和完善。随着职业市场的不断变化和个人能力的提升，我们的职业目标和职业发展路径也会随之发生变化。因此，我们需要不断地更新自己的职业规划，以适应这些变化。同时，职业规划还需要具有系统性，包括职业目标的设定、职业发展路径的规划、职业能力的提升以及职业风险的评估等多个方面。这些方面相互关联、相互影响，需要我们进行全面的考虑和规划。

职业规划的动态调整则是指根据市场变化和个人成长情况，灵活调整职业目标和发展路径。在职业发展过程中，我们会遇到各种预料之外的情况，如市场需求的变化、职业机会的出现、个人能力的限制等。这些情况都可能对我们的职业规划产生影响，甚至导致我们需要重新调整职业目标和发展路径。

因此，我们需要保持敏锐的市场洞察力和灵活的应变能力，及时调整自己的职业规划，以保持职业竞争力。同时，我们还需要不断地学习和提升自己的能力，为未来的职业发展做好准备。

职业规划的长期性和动态调整是相辅相成的两个方面。只有认识到这一点，我们才能更好地进行职业规划，实现自己的职业目标。

举个例子，在可持续金融服务业中，随着ESG（环境、社会和治理）理念的主流化，可持续金融服务业的职业机会不断涌现。数据显示，全球可持续金融的资产规模已超过30万亿美元，这反映出投资者对ESG议题的关注和金融机构在绿色金融产品上的创新。作为金融行业从业者，需要关注政策导向，把握市场需求，同时注重风险控制。在政策支持方面，中国绿色金融体系逐步完善，不仅在政策支持、标准制定上有所突破，更在产品创新和评价制度等方面展现出强大的活力。金融机构需要多元化的绿色金融产品和服务来满足市场参与主体的多样化需求，这意味着行业需要更多具备金融专业知识和环保技能的专业人才。此外，风险控制也是可持续金融服务业的重要一环，从业人员需要具备较强的风险意识和管理能力，以确保在追求可持续发展目标的同时，能够有效管理金融风险，保障投资者的利益。因此，可持续金融服务业为有志于绿色转型的金融行业从业者提供了广阔的职业发展空间。

所以，从可持续发展视角进行职业规划，不仅有助于个人实现职业目标，还能为社会的可持续发展作出贡献。在未来的职业发展中，需要不断提升自己的专业技能和跨学科合作能力，关注行业动态和趋势，以便更好地适应可持续发展的需求。同时，也需要积极投身到可持续发展的实践中去，为实现全球可持续发展目标贡献自己的力量。

第七章
综合案例分析

在前面的讨论中,我们已经探讨了许多关于薪酬管理的理论知识。现在,让我们将这些理论应用到实际情境中,具体分析一些知名企业在薪酬体系设计和实施方面的成功案例。通过这些案例,我们可以更深入地理解理论在实际操作中的应用,以及企业在制定薪酬政策时所面临的各种挑战和解决方案。这些案例将为我们提供宝贵的参考,帮助我们在设计和优化薪酬体系时作出更为明智的决策。

案例一：食品公司的股权激励计划

随着《上市公司监管指引第 10 号——市值管理》的正式落地和实施，股权激励作为一种重要的市值管理工具，逐渐成为上市公司关注的焦点。这一政策的出台，旨在引导上市公司通过有效的市值管理，提升公司的整体价值和市场竞争力。股权激励作为一种激励机制，能够将公司管理层和员工的利益与公司的长期发展紧密联系起来，从而激发他们的积极性和主动性。

惠发食品作为一家积极响应政策号召的上市公司，充分认识到股权激励在市值管理中的重要作用。为了更好地实施这一政策，惠发食品决定回购部分股份，并将这些股份用于股权激励计划。

通过新闻报道，我们了解，此次激励计划股票来源于惠发食品自二级市场回购的 A 股普通股，并且股权激励覆盖广泛，包括公司高层管理人员、核心技术骨干及业务精英在内的 66 名关键人才，共计授予 411.004 万股限制性股票，占公司总股本的 1.68%。

这一举措不仅能够调动激励对象的积极性和主动性，还能进一步增强员工对公司的归属感和忠诚度。通过股权激励，惠发食品希望能够形成员工与企业"共创共担共享"的良性循环。员工在分享公司发展成果的同时，也将承担相应的责任和风险，从而更加积极地参与到公司的日常运营和长期发展中。这种激励机制不仅有助于提高员工的工作效率和创新能力，还能为公司的可持续发展提供有力的保障。

关于股权激励对于企业的作用，体现在以下几个方面（表7-1）。

表7-1　股权激励的作用

作用	内容
吸引和留住人才	股权激励计划通过赋予员工一定的股权或股票期权，使员工成为公司的股东或潜在股东，从而与公司形成利益共同体
激发员工积极性	股权激励计划将员工的个人利益与公司的整体利益紧密相连
提升公司绩效	股权激励计划通常与公司的业绩目标挂钩，只有当公司达到一定的业绩目标时，员工才能获得相应的股权或股票期权
优化公司治理结构	股权激励计划能够优化公司的治理结构，使公司的决策更加科学、合理
增强公司市场竞争力	股权激励计划能够提升公司的市场竞争力
促进公司长期稳定发展	股权激励计划能够促进公司的长期稳定发展

股权激励计划作为一种重要的激励机制，具有多方面的作用，通过股权激励，员工的利益与公司的利益更加紧密地联系在一起，员工更加关注公司的长期发展，从而提高公司的稳定性和可持续发展能力。因此，股权激励计划在现代企业中得到了广泛的应用和推广，成为企业激励机制的重要组成部分。

案例二：制造业企业的绩效薪酬挂钩模式

利织实业有限责任公司是江苏省一家纺织企业，公司现有资产总量1.5亿元，占地8万平方米，建筑面积4.2万平方米。公司有两条轧花生产线，有5万枚环锭纺和499台剑杆织机的纺织生产能力，公司可纺50S及以下的各种纯棉、涤棉纱线，正反捻纱、竹节纱、包芯纱等，年纺纱12 000吨。目前，公司在薪酬管理方面确定了薪酬分配与绩效考核结果挂钩的办法。

薪酬结构一般来说主要包括基本工资、岗位固定工资和岗位绩效工资三个部分，基本工资主要取决于员工的学历、职称和工龄等体现能力方面的指标，岗位固定工资为每月固定发放的部分，只要满勤都能拿到，而岗位绩效工资为浮动部分，要依据员工的业绩表现来发放，干多干少不一样，干好干坏不一样，才能体现薪酬的内部公平性。

另外，公司采用新的激励方案，激励一线人员多看台以提高产量，对完成定额之外的部分进行激励；对班组长提出生产奖金，即充分调动一线班组长的工作积极性，对其管理的人员在多完成定额之后给予奖励。我们来看一下具体的薪酬结构（表7-2）。

表7-2 薪酬激励的结构方案

方案		具体内容
方案内容	薪酬结构	员工薪酬 = 基本工资 + 绩效奖金 + 其他福利
		其中，基本工资占员工总薪酬的60%，绩效奖金占30%，其他福利占10%
	绩效奖金计算	绩效奖金 = 绩效奖金基数 × 绩效系数
		绩效奖金基数为员工月基本工资的50%（即总薪酬的30%中的一半）
		绩效系数根据员工的绩效考核结果确定，分为五个等级：A级（1.5）、B级（1.2）、C级（1.0）、D级（0.8）、E级（0.6）
	绩效考核标准	绩效考核包括生产效率、产品质量、工作态度、团队合作等多个方面
		每月对员工进行一次绩效考核，根据考核结果进行排名，并确定绩效系数
实施效果	员工积极性提升	实施绩效薪酬挂钩方案后，员工的工作积极性显著提高，生产效率得到大幅提高
		员工更加注重产品质量和工作效率，减少了生产过程中的浪费和损耗
	薪酬差距拉开	由于绩效奖金与绩效考核结果直接挂钩，员工的薪酬差距逐渐拉开
		绩效优秀的员工获得了更高的薪酬和奖励，进一步激发了他们的工作热情
	企业效益增长	随着员工工作积极性和生产效率的提高，纺织厂的生产效益显著增长
		企业的市场竞争力得到增强，为企业的可持续发展奠定了坚实基础
具体数字示例		假设纺织厂员工小明的基本工资为5 000元/月，其实施绩效薪酬挂钩方案后的薪酬计算如下：
	基本工资	5 000元/月 × 60% = 3 000元/月
	绩效奖金基数	5 000元/月 × 50% = 2 500元/月（即总薪酬的30%中的一半）
	假设绩效考核结果为B级	绩效奖金 = 2 500元/月 × 1.2 = 3 000元/月

续表

方案		具体内容
具体数字示例	其他福利	5 000元/月 × 10% = 500元/月
	总薪酬	3 000元/月（基本工资）+ 3 000元/月（绩效奖金）+ 500元/月（其他福利）= 6 500元/月

通过表7-2可以看出利织实业有限责任公司的薪酬结构，作为职场人都清楚，薪酬作为实现人力资源合理配置的基本手段，在人力资源开发与管理中起着十分重要的作用。薪酬一方面代表着劳动者可以提供的不同劳动能力的数量与质量，反映着劳动力供给方面的基本特征，另一方面代表着用人单位对人力资源需求的种类、数量和程度，反映着劳动力需求方面的特征。

利织实业有限责任公司在实施绩效薪酬挂钩模式后，该企业的生产效率和产品质量得到了显著提高，员工对企业的认同感和归属感也得到了增强。员工们更加积极地参与到企业的各项活动中，对企业的未来发展充满信心，形成了积极向上的企业文化氛围。

案例三：服务行业的全面薪酬策略

全面薪酬策略是当前发达国家普遍推行的一种薪酬支付方式。它起源于美国公司结构大调整时期，当时许多公司将相对稳定的、基于岗位的薪酬策略转向相对浮动的、基于绩效的薪酬策略，使薪酬福利与绩效紧密挂钩。"全面薪酬策略"的概念便在此基础上产生。

以某知名酒店为例，该酒店通过实施全面薪酬策略，成功吸引了大量优秀人才，提高了员工的服务质量和客户满意度。具体做法见表 7-3。

表7-3　全面薪酬策略

策略	具体方法				
关键要素	全面薪酬包括"外在"的和"内在"的两大类				
^	外在激励		内在激励		
^	为受聘者提供的可量化的货币性价值		非货币性的激励方式，旨在提升员工的归属感和满意度		
^	基本工资	员工的基本薪资，通常根据岗位、能力或市场水平确定	职业发展机会	提供培训、晋升机会，帮助员工提升技能和能力	
^	奖金	如销售提成、绩效加薪、年终奖等，与员工的工作表现和业绩挂钩	工作环境	营造和谐、积极的工作环境，提升员工的工作体验和满意度	
^	长期激励	如股票期权、限制性股票等，旨在激励员工关注企业的长期发展	工作认可	通过表彰、奖励等方式，认可员工的工作成果和贡献	
^	福利	包括社会保险、医疗保险、住房津贴、俱乐部成员卡、公司配车等货币性福利，以及非货币性福利，如员工培训、带薪休假等			
主要特征	激励性	通过薪酬激励来激发员工的工作热情和积极性，实现员工与企业的双赢			
^	灵活性	根据企业的实际情况和市场需求进行相应的调整和变化，以满足员工的个性化需求和差异化的市场竞争			

173

续表

策略		具体方法
主要特征	创新性	不断开拓新的薪酬方式和手段，以满足员工的多元化需求和企业的创新发展
	沟通性	与员工进行充分的沟通和交流，了解他们的需求和反馈，并及时提供信息和反馈，增强员工的参与感和信任度
实施步骤	制定薪酬战略	明确企业的薪酬目标、理念和策略，制定薪酬结构和福利待遇，并确定绩效考核和激励机制
	实施薪酬管理	根据薪酬战略，制定薪酬标准和薪资调整方案，建立绩效考核体系和激励机制，并定期进行薪酬调研和绩效评估
	宣传和培训	向员工宣传企业的薪酬理念和政策，加强员工薪酬意识和绩效意识，提高员工对企业的认同感和忠诚度
	监督和评估	建立薪酬管理监督机制，及时发现和解决薪酬管理中的问题，定期评估和调整薪酬战略和绩效考核体系，保证薪酬管理的合理性和公正性

结合酒店的实际数据，我们再来具体看一下全面薪酬计划的内容（表7-4）。

表7-4 案例全面薪酬内容

薪酬结构	类别	具体内容	
基本工资数据	初级员工	初级一档	基本工资3 000元
		初级二档	基本工资3 500元
		初级三档	基本工资4 000元
	中级员工	中级一档	基本工资5 000元
		中级二档	基本工资6 000元
		中级三档	基本工资7 000元
	高级员工	高级一档	基本工资8 000元
		高级二档	基本工资9 000元
		高级三档	基本工资10 000元

基本工资是员工薪酬的核心部分，根据员工的职位、工龄、学历等因素确定

续表

薪酬结构	类别	具体内容
绩效奖金数据	月度奖金	占工资的10%
	季度奖金	占工资的20%
	年终奖金	占工资的30%
福利与补贴数据	社会保险	为员工缴纳养老保险、医疗保险、失业保险、工伤保险和生育保险
	住房公积金	为员工缴纳住房公积金
	节日福利	包括春节、中秋节、国庆节等节日的福利发放,具体金额根据酒店经营状况和员工等级确定
福利与补贴数据	体检福利	每年为员工提供一次免费体检,确保员工身体健康
	培训机会	提供内部培训、外部培训等丰富的培训机会,帮助员工提升技能和能力
薪酬增长与调整数据	薪酬调整频率	每年一次
	薪酬调整幅度	根据市场行情和酒店经营状况确定,通常与员工的绩效表现挂钩
	晋升通道	为员工提供晋升通道,员工晋升至更高职称时,薪酬相应调整,确保薪酬与职位匹配
其他数据	员工满意度	全面薪酬策略的实施可以提高员工满意度,从而增强员工的归属感和忠诚度
	员工离职率	合理的薪酬结构和激励机制可以降低员工离职率,保持员工队伍的稳定性
	企业竞争力	通过实施全面薪酬策略,酒店可以吸引和留住优秀人才,提高企业的核心竞争力
市场薪酬数据	岗位月薪	61.1%的岗位月薪在3 000元至6 000元之间,年薪在4万元至7万元之间
	学历与薪酬	不同学历的员工薪酬存在差异,如中专学历的员工平均月薪为5 200元
	经验与薪酬	应届生的平均月薪为4 200元,随着工作经验的增加,薪酬水平也会相应提高

通过以上薪酬体系，可以看出酒店实施全面薪酬策略时，综合考虑了多个薪酬组成部分及其具体数据。通过制定合理的薪酬结构和激励机制，可以激发员工的工作热情和积极性，提高员工的满意度和忠诚度，从而增强企业的竞争力。对于酒店来说，不仅在人才市场上获得了竞争优势，而且在提升服务质量和客户满意度方面也取得了显著成效。

案例四：知名企业考核体系实例

考核体系中包括360度绩效评估、KPI、OKR等考核方法，我们以不同的企业采用不同的考核方法为例，来大概说一下常见的考核方法在企业绩效管理中的应用。

方法一：360度绩效评估在企业中的应用

很多超级大企业都会开发自己的360度绩效评估工具。比如，谷歌采用了一种名为"Googlegeist"的内部调查工具，它实质上是一个匿名的360度评估工具，用于向员工收集关于领导力、团队合作、沟通和工作环境等多个方面的反馈和意见。谷歌将评估结果用于个体的绩效管理和发展计划，并据此采取措施改进组织的管理和文化。这种全面的评估方式有助于谷歌了解员工的真实想法和需求，从而作出更加符合员工期望和组织目标的决策。

无独有偶，亚马逊也是如此。亚马逊采用了一种名为"Connections"的360度评估程序，该程序旨在收集员工对领导者和同事的意见和反馈。这些反馈被用于制订个体的发展计划和提供有针对性的培训支持。通过

"Connections",亚马逊能够确保员工的声音被听到,并且能够得到有效的回应和改进。这种评估方式有助于提升员工的满意度和忠诚度,同时也有助于提升领导者的管理能力和团队的整体绩效。

如果说科技巨头们有实力、有团队能轻松开发出360度绩效评估程序,我们见怪不怪。那么,超级影视公司迪士尼也同样使用一种名为"Disney 360"的评估工具,用于收集来自不同角色和层级的员工对领导者和同事的反馈,这就足以见得大企业对于360度绩效评估的重视。并且,这些反馈被用于制订个体的发展计划和改进领导能力。通过"Disney 360",迪士尼能够确保领导者得到全面的反馈,并且能够根据这些反馈制订有效的改进计划。这种评估方式有助于提升领导者的管理能力和团队的协作能力,从而提升整个组织的绩效。

对于一些中小型企业而言,360度绩效评估也很重要。比如,有一家名为XYZ的中小企业,专注于电子产品的研发与销售,近年来业务规模逐渐扩大,员工数量也随之增加。为了更有效地评估员工绩效,提升员工工作积极性,XYZ公司决定引入360度绩效评估方法(表7-5)。

表7-5　360度绩效评估

概念	方式	具体内容
360度绩效评估实施过程	确定评估对象与评估者	XYZ公司首先确定了需要进行绩效评估的员工名单,这些员工涵盖了各个部门和层级
		评估者包括员工的上级领导、同事、下属以及部分客户,以确保评估的全面性和客观性
	制定评估指标与问卷	XYZ公司根据公司的战略目标和岗位职责,制定了详细的评估指标,包括领导能力、沟通能力、团队协作能力、创新能力等
		评估问卷的设计注重简洁明了,方便评估者快速准确地给出评价

续表

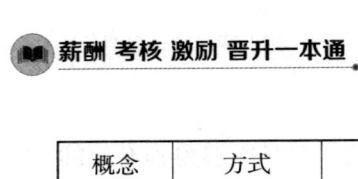

概念	方式	具体内容
360度绩效评估实施过程	培训评估者	XYZ公司在实施360度绩效评估前，对评估者进行了培训，确保他们了解评估的目的、流程、评分标准等
		培训还强调了评估的公正性和保密性，以避免评估过程中的偏见和信息泄露
360度绩效评估实施过程	收集与分析评估结果	评估完成后，XYZ公司收集了所有评估者的反馈，并对结果进行了统计分析
		评估结果不仅反映了员工的绩效水平，还揭示了员工在哪些方面需要改进和提升
360度绩效评估的应用效果	员工个人成长与发展	通过360度绩效评估，员工获得了来自不同角度的反馈，有助于他们更全面地认识自己在工作中的表现
		员工可以根据评估结果制订个人发展计划，有针对性地提升自己的能力和技能
	企业管理与决策	XYZ公司根据360度绩效评估结果，能够更准确地了解员工的绩效水平和潜力
		这有助于企业制定更加合理的人力资源管理策略，如晋升、加薪、培训等
		同时，360度绩效评估也为企业的战略规划和决策提供了重要参考
	企业文化建设	360度绩效评估促进了员工之间的沟通与交流，增强了团队的凝聚力和协作精神
		通过评估过程中的反馈与沟通，员工之间的误解和隔阂得以消除，工作氛围更加和谐融洽
注意事项	确保评估的公正性和客观性	在实施360度绩效评估时，应确保评估者的选择合理、评分标准明确、评估过程公正透明
		可以采用匿名评估等方式来减少评估过程中的偏见和干扰
	关注员工的心理承受能力	360度绩效评估可能会带来一些负面反馈，企业应关注员工的心理承受能力，提供必要的心理支持和辅导
	持续优化评估体系	360度绩效评估是一个持续优化的过程，企业应定期评估其效果并进行必要的调整和改进

通过表 7-5 可以看出，360 度绩效评估在 XYZ 这家中小企业中得到了成功应用，不仅促进了员工的个人成长与发展，还提升了企业的整体绩效和管理水平。然而，企业在实施 360 度绩效评估时也需要注意评估的公正性、客观性以及员工的心理承受能力等问题，并持续优化评估体系以适应企业的发展需求。

方法二：KPI 与 OKR 结合考核模式

越来越多的企业开始尝试将 KPI 与 OKR 结合使用，以构建更加全面和有效的绩效管理体系。众多企业在应用 KPI 与 OKR 结合考核模式后，绩效显著提升。一些企业发现，通过结合使用 KPI 和 OKR，能够更准确地评估员工的绩效水平，激发员工的工作积极性和创造力，提升企业的整体竞争力。我们看表 7-6。

表7-6　KPI与OKR结合考核模式

概念	特征	具体内容
KPI与OKR结合考核模式的具体数据	员工绩效提升情况	一些企业报告称，员工绩效提升幅度在10%~20%
	员工满意度和忠诚度	一些企业发现，在实施该模式后员工满意度和忠诚度有所提升，具体提升幅度因企业而异
	企业整体绩效	一些企业报告称，在实施该模式后，企业的销售额、利润、市场份额等关键指标均有所增长

KPI 与 OKR 结合考核模式在实际应用中取得了显著的效果，并为企业带来了诸多优势。然而，企业在实施该模式时需要注意一些关键问题，以确保其有效性和可持续性。

让我们以一家具有代表性的文化企业为例，深入探讨其在实施 OKR（目标与关键结果）管理方法的过程中所遇到的挑战和解决方案。这家企业在尝试采用OKR管理方法时，面临着一个普遍的问题，即团队成员并没有真正地将OKR管理理念内化为自己的工作习惯。更糟糕的是，这种尝试还伴随着高昂的管理成本。为了应对这一挑战，公司决定采取一种新的考核机制，旨在通过制度的力量来引导和约束组织行为。具体来说，公司对现有的考核体系进行了调整，不仅继续关注传统的结果指标（即KPI)，还特别增加了5%~10%的权重，用以衡量团队在OKR管理过程中的表现。

这些过程指标包括但不限于：是否能够及时地制定出符合要求的OKR、是否能够及时地进行目标对齐、是否能够定期召开OKR周会以及是否能够及时地进行目标复盘等。

经过两个季度的实践，公司发现这种结合了结果与过程的考核方式取得了显著的成效，团队的工作效率和目标达成率都有了明显的提高。

再如一家AI智能研发公司，该公司以算法驱动的AI设计为核心竞争力，产品业务范围涵盖了形象设计、包装设计、产品设计等三大领域。公司致力于打造覆盖企业全方位设计需求的可商用智能设计交付平台。在使用某OKR工具前，公司内部的管理方式已经涵盖了KPI和OKR。公司希望将两者结合，以更好地做员工日常工作的过程管理。

公司遵循PBC（个人业务承诺）的原则，通常是在公司高层明确并制定好公司的全年目标后，各部门会在季度初制定部门级的OKR，再往下层层拆解至员工个人，达成"上下同欲、力出一孔"的效果。公司及部门级OKR均是自上而下地制定，且属于常规、定性的承诺型OKR。同时，针对公司的一些智能设计项目，员工会在项目大目标下去做一些相对应的个人目标的设计，最后由部门 leader 负责指导、纠偏。

每个季度末，公司会利用 OKR 工具中的"评分"功能，对员工的 OKR 执行情况打分。根据不同类型的 OKR，设定不同的评分标准，逐一完成季度 OKR 评分。最终，利用不同等级的 OKR 得分，在年度的绩效考核中辅以 KPI 式的考核方式，让公司考核体系更为完善。

在评分时，对于承诺型 OKR，采取五分制的方式，其评分起始值会相对低一点；对于公司更鼓励员工制定的挑战型 OKR，评分时起始值也会相应高一些。从短期看，评分结果是部门 leader 评判员工业绩的一种方式，是衡量绩效的一部分；从长远看，leader 会做一些强制的正态分布，这些都是检验员工工作表现和业务能力优秀与否的一种形式。年末 HR 再统一参考每季度的打分结果，发放绩效奖金。

以上案例表明，KPI 与 OKR 结合考核模式在实际应用中具有灵活性和多样性，可以根据企业的具体情况和需求进行调整和优化。同时，这种结合模式也有助于企业更全面地评估员工的绩效，提升企业的整体绩效和管理水平。

案例五：知名企业激励机制揭秘

激励机制是指通过特定的方法与管理体系，将员工对组织及工作的承诺最大化的过程。它是组织系统中，激励主体运用多种激励手段并使之规范化和相对固定化，而与激励客体相互作用、相互制约的结构、方式、关系及演变规律的总和。具体来说，激励机制主要包括以下几个方面的内容（表

7-7）。

表7-7 激励制度

方法	类别	内容
物质激励	员工工资	直接反映当前员工的工作绩效，是员工最为关心的激励方式之一
	奖励制度	包括各种奖金、津贴等，用于奖励员工在某一项目或某一段时间内的特殊贡献
物质激励	福利	包括养老保险、医疗保险、失业保险、工伤保险、生育保险等社会保险，以及法定假日、带薪休假、员工培训、节日福利等
	长期激励	体现员工长期的价值，如股权激励、配乘用车、分配住房等
精神激励	荣誉激励	表彰员工在某一方面的特殊贡献或突出事迹，如颁发荣誉证书、奖杯等
	感情激励	关心员工的工作和生活，为员工设计职业生涯规划，增强员工的归属感和忠诚度
	参与激励	让员工参与企业的管理和决策，提高员工的责任感和使命感
	教育激励	提供职工受教育的机会，如培训、进修等，帮助员工提升技能和素质
行为激励	行为刺激	建立在员工的需求调查、分析和预测的基础上，设计各种刺激形式来激发员工的工作积极性
	行为导向	通过制定明确的目标和期望，引导员工朝着企业希望的方向发展
	行为维持	当员工达到某一阶段的目标并得到想要的结果后，需要对其需求、动机进行重新调查、分析和预测，设定更具挑战性的绩效目标，以维持员工的工作积极性
	行为同化	通过持续不断的刺激、制约、纠正、评估、改善，使员工最终拥有自我调节、自我监督、自我激励的能力

方法一："合伙人"制度

先以一个大家比较熟悉的大企业为例。万科作为一家大型房地产企业，面临着激烈的市场竞争和不断变化的行业环境。为了保持企业的竞争力和可持续发展，万科需要不断探索和创新公司治理结构。万科推出"合伙人"制度的目的是通过构建一种新型的激励机制和治理模式，激发员工的工作积极性和创造力,增强企业的凝聚力和向心力,从而推动企业的长期稳定发展(表7-8)。

表7-8 合伙人激励方式

制度	内容	详解
制度内容与特点	持股计划	万科的事业合伙人制度包括员工持股计划
	项目跟投	除了持股计划外,万科还要求项目操作团队必须跟投自己的项目,员工也可以自愿跟投所有的项目
	事件合伙人	为了应对跨部门协作中的责权利划分问题,万科还创新性地提出了事件合伙人制度
制度实施与效果	实施过程	万科通过滚存下来的集体奖金,委托第三方购买公司股票,使员工成为公司的股东之一
	实施效果	激发了员工的工作积极性和创造力,提高了工作效率和质量
		增强了企业的凝聚力和向心力,促进了企业的长期稳定发展
		通过持股计划和项目跟投制度,使员工与公司的利益更加紧密地联系在一起,形成了共创、共担、共享的激励机制

万科的事业合伙人制度是其公司治理结构中的一个重要创新,通过构建共创、共担、共享的激励机制和治理模式,激发了员工的工作积极性和创造力,增强了企业的凝聚力和向心力。未来,随着市场竞争的不断加剧和行业环境的不断变化,万科将继续完善和优化事业合伙人制度,以适应新的市场环境和业务需求。同时,万科也将积极探索其他创新性的治理结构和激励机制,以推动企业的可持续发展和创新。

方法二:华为的员工持股计划

持股计划(特指员工持股计划)指的是员工可以通过持有公司一定比例股份成为公司所有者,参与公司的剩余价值分配。它产生于20世纪中期的美国,以当时的美国律师路易斯·凯尔索提出的扩大资本所有权思想为基础,主张公司员工在获得个人劳动收入的同时也有权利享有资本收入。员工持股计划的本质是一种公司内部治理和社会保障机制，它的成功实施对帮助公司改善劳资关系和公司治理结构作出了重要贡献，促使公司绩效显著提高。

比如华为公司，华为的员工持股计划是其公司治理结构中的一个重要组成部分，来看一下华为公司持股计划的内容和特点（表7-9）。

表7-9 持股计划

计划	具体内容
持股方式	华为的员工持股计划主要通过虚拟受限股的方式实现
	员工通过购买或获得公司授予的虚拟受限股，成为公司的股东之一
	这些虚拟受限股虽然不享有完整的股东权利，但可以在公司内部进行转让和分红
参与范围	华为的员工持股计划参与人数众多，包括公司在职员工和退休保留人员
	截至2023年12月31日，华为员工持股计划参与人数已达到151 796人
分红机制	华为每年会根据公司的盈利情况，向持股员工分配股利
	例如，在2023年，华为拟向股东分配股利约770.95亿元，这些股利将按照员工的持股比例进行分配
	持股员工因此可以获得可观的分红收入，这也是他们薪酬的重要组成部分
股权管理	华为的员工持股计划由公司工会委员会负责管理
	工会委员会根据公司的战略目标和业务需求，制定合理的股权分配方案，并确保股权的公平、公正和透明

华为技术有限公司实施的员工持股计划，是其独特公司治理结构中的一个关键组成部分。这一计划允许员工持有公司的股份，从而激发了员工极大的工作热情和创造力。这种做法不仅提高了员工的归属感，还显著增强了公司的内部凝聚力和向心力。展望未来，随着市场竞争的日益激烈以及行业环境的持续变化，华为公司计划继续对员工持股计划进行完善和优化，以确保其能够适应新的市场环境和不断变化的业务需

求。同时，华为也将积极探索其他创新性的激励机制和治理模式，旨在进一步推动公司的可持续发展和创新，确保在激烈的全球竞争中保持领先地位。

方法三：创新奖励机制

创新奖励机制旨在通过给予员工现金、股票、实物等物质奖励，以及颁发证书、奖杯、荣誉称号等精神奖励，来激励员工创新和提升业绩。其目的在于激发员工的工作积极性和创造力，提高工作满意度和归属感，进而推动企业的创新和发展。举个例子，谷歌公司的创新奖励机制是其保持全球领先地位的关键因素之一。以下是谷歌创新奖励机制的几个主要方面：

第一个就是非常著名的"20%时间政策"，即允许员工将五分之一的工作时间用于自己感兴趣的项目上，这些项目通常与他们的日常工作无直接关联，但可能为公司带来新的创新点。

这一政策鼓励员工跳出日常工作的框架，勇于尝试新事物，从而推动了众多创新产品的诞生，如Gmail、Google新闻和AdSense等。

第二个就是Chrome漏洞赏金计划，谷歌对Chrome浏览器的安全漏洞提供高额奖金，以鼓励安全研究者积极参与漏洞挖掘和修复工作。例如，对于能够发现并利用Chrome浏览器中的远程代码执行漏洞的研究者，谷歌会提供高达25万美元的奖金。

除此之外，谷歌还经常举办内部创新竞赛，鼓励员工提出新的创意和解决方案。获胜的团队和个人不仅可以获得奖金和荣誉，还有机会将他们的创意转化为实际的产品或服务。

谷歌的创新奖励机制包括鼓励创新的工作环境、创新的奖励制度、创新文化的培养以及具体创新奖励案例等多个方面。这些机制共同构成了谷歌创新生态系统的基石，为公司的可持续创新和全球领先地位提供了保障。

案例六：知名企业职业晋升体系展示

企业职业晋升体系是企业管理中至关重要的一环，它旨在为员工提供明确的职业发展路径和晋升机会，以激励员工不断提升自身能力，为企业的发展贡献力量。以下是对企业职业晋升体系的详细解析（表7-10）。

表7-10　晋升体系构成

构成	具体内容
职级序列	划分不同层级的基础，通常用数字或字母表示，数字越大或字母越靠后，代表着级别越高
	职级序列的设置有助于明确员工的职业发展方向和晋升通道
职等/职级	每个序列内会细分不同的等级，如管理序列可能分为助理、主管、经理、总监等
	职等/职级的划分有助于企业根据员工的能力和贡献进行差异化管理和激励
岗位/职位	指具体的职责和工作内容，如市场营销经理、产品经理等
	岗位/职位的设置有助于企业明确员工的职责和工作目标，促进工作的顺利开展
能力素质模型	每个职级/岗位都会对应不同的能力要求，如领导力、沟通能力、专业技能等
	能力素质模型有助于企业评估员工的能力和潜力，为员工的晋升提供科学依据

方法一：跨国公司的多元化晋升通道

跨国公司的多元化晋升通道是其吸引和留住全球人才、促进员工职业发展的重要策略，比如霍尼韦尔。

霍尼韦尔在人才策略、工作环境、人才招聘、职业发展、多元与包容性等多个维度表现出色，并因此获得了杰出雇主调研机构授予的"中国杰出雇主"认证。其多元化晋升通道主要体现在人才战略、组织构架、技能培训、数据化管理及多元包容文化等几个方面（表7-11）。

表7-11 霍尼韦尔案例

晋升通道	具体内容
人才战略	霍尼韦尔制定了完善的人才战略，以更好地挖掘、培养和发展高潜力复合型人才
组织架构	霍尼韦尔竭力打造扁平化组织架构，促进员工横向沟通与联系，从而打破管理中的"竖井效应"
技能培训	这种组织架构有助于员工在不同部门和岗位之间流动，为他们的职业发展提供更多可能性
数据化管理	霍尼韦尔从人力资源管理的各个维度不断提高团队运用数据的能力，从而实现对人才的动态评价与管理，使其更好地支撑企业战略，实现良性循环
多元包容文化	包容性和多元化是霍尼韦尔的基本原则，从招聘到员工体验，公司全面拥抱多元化和包容性，鼓励以尊重促成长、以创新促繁荣

在霍尼韦尔，员工可以通过多种途径实现职业晋升，包括在专业技能上的提升、跨部门或跨地区的轮岗、参与重大项目并取得显著成果等。此外，霍尼韦尔还为员工提供了丰富的职业发展资源和支持，如内部培训、导师制度、职业规划咨询等，帮助员工明确职业目标并制定实现路径。

这些措施是霍尼韦尔多元化晋升通道的重要组成部分，使员工能够在公司内部找到适合自己的职业发展路径，实现个人价值的同时也为公司的可持续发展贡献力量。

方法二：互联网企业的快速晋升机制

在当今竞争激烈的互联网行业中，企业为了吸引和激励人才，保持企业的活力和创新能力，往往采取快速晋升机制作为其关键策略之一。以字节跳动公司为例，我们可以深入探讨互联网企业的快速晋升机制是如何运作的。

字节跳动公司的快速晋升机制，以其灵活、高效的职级体系和丰富的晋升机会而广受赞誉。这种机制不仅能够激励员工，还能有效地保持企业的创新动力和竞争力。

在字节跳动，职级体系设计得相对简洁明了，它包括初级、中级、高级等多个职级。员工在这样的体系中，能够根据自己的专业能力和工作表现，逐步晋升到更高的职级。公司还特别注重为员工提供个性化的职业发展路径和晋升机会，以确保每个人都能在适合自己的岗位上发挥最大的潜力。

关于晋升机会，字节跳动鼓励员工通过内部晋升来实现职业发展。公司设有定期的晋升机会和内部选拔机制，员工可以根据自己的能力和表现，申请晋升到更高的职级或担任更重要的职务。此外，字节跳动还注重为员工提供多样化的晋升机会和职业发展路径，确保每个人都有机会展示自己的才华，并在职业生涯中取得进步。

字节跳动的企业文化和价值观是其快速晋升机制得以成功实施的重要支撑。公司强调创新、协作和快速迭代，这种文化氛围不仅激发了员工的创新精神和创造力，也为员工提供了更广阔的职业发展空间和机会。字节跳动注重培养员工的职业素养和综合能力，鼓励员工在工作中不断学习和成长，从而在职业生涯中实现自我超越。

这一章通过对众多企业案例的深入分析，我们可以清晰地认识到，无论是绩效评估的精准实施，还是激励机制的巧妙设计，乃至晋升机制的合理规划，都对企业的发展具有深远而重要的意义。这些管理机制不仅能够有效激发员工的工作热情和创新潜能，提高企业的整体运营效率和市场竞争力，还能够构建积极向上的企业文化氛围，为企业的可持续发展奠定坚实的基础。

第八章
实用工具

我们讲了企业需要薪酬、晋升、激励与考核等制度，但是，如何制定符合公司现状的各项制度还是需要一些工具来辅助。本章将浅谈一下在不同制度制定过程中会用到的一些工具、模板，希望这些工具、模板能够帮助你更便捷地制定各项制度。

工具一：薪酬计算器模板

这一工具所需要的就是一个 Excel 表格，通过 Excel 表格设计薪酬等级并进行工资标准计算，其中包括薪酬等级薪点值设置及计算、月薪计算、年薪计算。在表格内，设置自动函数公式（fx=Bx+5%/fx=C$x*$Bn），只需要在空白处及黄色标注处填入数据即可，其它颜色标注的数据为全自动生成。

表8-1 薪酬计算模板1

等级/序	序差比例 级差比例	100% 序1	120% 序2	125% 序3	130% 序4	135% 序5	140% 序6	145% 序7	150% 序8	155% 序9	160% 序10
等级10	120%	360.00	432.00	540.00	702.00	947.70	1326.78	1923.83	2885.75	4472.91	7156.65
等级9	115%	345.00	414.00	517.50	672.75	908.21	1271.50	1843.67	2765.51	4286.54	6858.46
等级8	110%	330.00	396.00	495.00	643.50	868.73	1216.22	1763.51	2645.27	4100.16	6560.26
等级7	105%	315.00	378.00	472.50	614.25	829.24	1160.93	1683.35	2525.03	3913.79	6262.07
等级6	100%	300.00	360.00	450.00	585.00	789.75	1105.65	1603.19	2404.79	3727.42	5963.88
等级5	95%	285.00	342.00	427.50	555.75	750.26	1050.37	1523.03	2284.55	3541.05	5665.68
等级4	90%	270.00	324.00	405.00	526.50	710.78	995.09	1442.87	2164.31	3354.68	5367.49
等级3	85%	255.00	306.00	382.50	497.25	671.29	939.80	1362.71	2044.07	3168.31	5069.29
等级2	80%	240.00	288.00	360.00	468.00	631.80	884.52	1282.55	1923.83	2981.94	4771.10
等级1	75%	225.00	270.00	337.50	438.75	592.31	829.24	1202.39	1803.59	2795.57	4472.91

表8-2 薪酬计算模板2

薪点值工资标准	￥6.50	即：6.5元/点/月								
等级/序	级差比例	序1	序2	序3	序4	序5	序6	序7	序8	序9	序10
等级10	120%	2340.00	2808.00	3510.00	4563.00	6160.05	8624.07	12504.90	18757.35	29073.90	46518.23
等级9	115%	2242.50	2691.00	3363.75	4372.88	5903.38	8264.73	11983.86	17975.80	27862.48	44579.97
等级8	110%	2145.00	2574.00	3217.50	4182.75	5646.71	7905.40	11462.83	17194.24	26651.07	42641.71
等级7	105%	2047.50	2457.00	3071.25	3992.63	5390.04	7546.06	10941.79	16412.68	25439.66	40703.45
等级6	100%	1950.00	2340.00	2925.00	3802.50	5133.38	7186.73	10420.75	15631.13	24228.25	38765.19
等级5	95%	1852.50	2223.00	2778.75	3612.38	4876.71	6827.39	9899.71	14849.57	23016.83	36826.93
等级4	90%	1755.00	2106.00	2632.50	3422.25	4620.04	6468.05	9378.68	14068.01	21805.42	34888.68
等级3	85%	1657.50	1989.00	2486.25	3232.13	4363.37	6108.72	8857.64	13286.46	20594.01	32950.42
等级2	80%	1560.00	1872.00	2340.00	3042.00	4106.70	5749.38	8336.60	12504.90	19382.60	31012.16
等级1	75%	1462.50	1755.00	2193.75	2851.88	3850.03	5390.04	7815.56	11723.35	18171.18	29073.90

表8-3　薪酬计算模板3

表三：各岗位对应的年薪											
薪点值工资标准		¥6.50		全年月数		12						
等级/序	级差比例	序1	序2	序3	序4	序5	序6	序7	序8	序9	序10
等级10	120%	28080.00	33696.00	42120.00	54756.00	73920.60	103488.84	150058.82	225088.23	348886.75	558218.80
等级9	115%	26910.00	32292.00	40365.00	52474.50	70840.58	99176.81	143806.37	215709.55	334349.80	534959.69
等级8	110%	25740.00	30888.00	38610.00	50193.00	67760.55	94864.77	137553.92	206330.87	319812.86	511700.57
等级7	105%	24570.00	29484.00	36855.00	47911.50	64680.53	90552.74	131301.47	196952.20	305275.91	488441.45
等级6	100%	23400.00	28080.00	35100.00	45630.00	61600.50	86240.70	125049.02	187573.52	290738.96	465182.34
等级5	95%	22230.00	26676.00	33345.00	43348.50	58520.48	81928.67	118796.56	178194.85	276202.01	441923.22
等级4	90%	21060.00	25272.00	31590.00	41067.00	55440.45	77616.63	112544.11	168816.17	261665.06	418664.10
等级3	85%	19890.00	23868.00	29835.00	38785.50	52360.43	73304.60	106291.66	159437.49	247128.12	395404.99
等级2	80%	18720.00	22464.00	28080.00	36504.00	49280.40	68992.56	100039.21	150058.82	232591.17	372145.87
等级1	75%	17550.00	21060.00	26325.00	34222.50	46200.38	64680.53	93786.76	140680.14	218054.22	348886.75

注：表中（级差比例）函数为 $fx=Bx+5\%$，表中（序号1至序号10）函数为 $fx=C\$x*\$Bn$。

另外，需要注意以下几点：

1. 工具中标准值是以"等级6"第1序列中数值为基准的，序差、级差比例目前设置的增长梯度为5%（设置了自动计算，另外序1与序2之间比例差是20%）。

2. 级差是以"等级6"为固定基准值，序差是依次递增式增长，当然企业也可根据实际情况调整序差、级差比例。

3. 该工具模板中黄色标注处可以任意灵活修改标准参数值，得到你想要的薪酬等级及工资标准。

当然，类似的薪酬计算工具模板并不是唯一，可以根据你的实际需求通过Excel表格制作各类薪酬计算工具表，这里就不再赘述。

工具二：薪酬结构设计模板

薪酬结构设计模板就是普通模板，包括薪酬设计的目的、薪酬设计的原则、适用范围、薪酬构成等几方面。一般来说，每一个企业都有属于自己的薪酬结构模板，但是万变不离其宗，薪酬结构设计模板虽然多种多样，但都离不开表8-4中所涉及的各项内容。

表8-4　薪酬结构设计模板

一、薪酬结构设计的目的		
公司角度	降低员工流动率，特别是关键人才流动率	（1）吸引人才，特别是吸引重要的关键人才（优秀的职业经理人、关键专业市场人才） （2）降低内部矛盾，提高企业员工的满意度 （3）储备发展战略所需要的人才 （4）激励优秀员工
员工角度		（1）短期激励：满足自身的生存需要 （2）长期激励：满足自身的发展需要
二、薪酬结构设计依据的原则		
宏观角度	公平性	（1）外部公平性：薪酬在市场上与竞争对手相比具有竞争性 （2）内部公平性：通过职位评价确定各职位相对薪酬水平 （3）个体公平性：考虑个体年资等因素
	竞争性	在社会上和人才市场中，企业的薪酬水平要有吸引力，才足以战胜其他企业，招到所需人才
	激励性	要在内部各类、各级职务的薪酬水平上，适当拉开距离，真正体现按贡献分配的原则

续表

宏观角度	经济性	（1）企业不同时间的价值取向 （2）企业不同发展阶段的薪酬策略
	合法性	企业薪酬制度必须符合国家的政策与法律
微观角度	薪酬确定	薪酬的确定原则上不考虑年功、资历与家庭负担；主要考虑员工承担某一职位所需具备的条件、在工作中所表现出来的能力，努力在统一的架构下，依靠科学的价值评价，对各职种、职层人员的任职角色、绩效进行客观公正的评价，给贡献者以回报
	薪酬调整	将薪酬与任职资格水平和绩效密切结合，依据考核结果和任职资格水平的变化进行薪酬调整
	薪酬结构	通过建立在任职资格基础上的薪酬结构，增加薪酬调整的科学性和灵活性，强化薪酬的激励机制
	薪酬差距	薪酬的水平要充分拉开差距，要有利于形成和稳定核心层、中间层和骨干层队伍。薪酬要向关键职位、核心人才倾斜
三、适用范围：本企业所有员工			
四、薪酬结构构成	工资结构：基本工资+岗位工资+奖金+工龄工资	
	企业正式员工薪酬构成	（1）企业高层薪酬构成=基本年薪+年终效益奖 （2）员工薪酬构成=岗位工资+绩效工资+工龄工资
	试用期员工薪酬构成	企业一般员工试用期为3个月，员工试用期工资为转正后工资的70%~80%，试用期内不享受正式员工所发放的各类补贴和奖金
五、薪酬结构设计依据的指标体系	主要指标体系	1. 360度考评法 2. KPI
六、员工福利		福利是在基本工资和绩效工资以外，为解决员工后顾之忧所提供的一定保障
七、社会保险		社会保险是企业按照国家和地方相关法律规定为员工缴纳的养老、失业、医疗、工伤和生育保险
八、调节假日		企业按照《中华人民共和国劳动法》和其他相关法律规定为员工提供相关假期

续表

九、津贴或补贴	凡制度规定的工作时间以外的出勤为加班，主要指休息日、法定休假日加班，以及十小时工作日的延长作业时间
十、薪酬保密：人力资源部、公司财务及财务所有经手工资信息的员工及管理人员必须保守薪酬秘密	
十一、薪酬的支付	薪酬支付时间计算	（1）执行月薪制的员工，日工资标准统一按国家规定的当年月平均上班天数计算 （2）薪酬支付时间：当月工资下月15日发放。遇到单休日及假期，提前至休息日的前一个工作日发放
十二、本制度由企业人力资源部制定，经总经理核准后实施，修改时亦同		

工具三：KPI、OKR、360度反馈等考核方法介绍

在之前的章节中，我们讲了KPI、OKR、360度等考核方法，一般比较容易混淆的是KPI和OKR。

表8-5　KPI与OKR比较

KPI（关键绩效指标）	OKR（目标与关键成果）
KPI是通过数据指标完成对员工的路径控制和结果考核，一般伴随着自上而下的硬性任务安排和业绩压力分摊	OKR是一种目标管理方法，通过对"目标+关键结果"的"向下放权+全员共创"，实现公司上下同欲、战略同频，并结合"跟进+调整+复盘"形成目标管理闭环
KPI强调对结果的考核，具有明确性、可衡量性和可达成性等特点	OKR更关注过程管理和持续改进，鼓励员工挑战自我，设定具有挑战性的目标，并关注实现目标的过程和路径
KPI与OKR结合的必要性	
互补性	KPI更强调结果导向和量化考核，而OKR更关注过程管理和持续改进
全面性	既关注结果也关注过程，既关注短期目标也关注长期目标

续表

KPI（关键绩效指标）	OKR（目标与关键成果）
灵活性	KPI和OKR的结合可以根据企业的实际情况和战略目标进行灵活调整，以适应不同的发展阶段和业务需求
KPI与OKR结合的考核模式	
设定目标	（1）根据企业的战略目标和业务需求，设定OKR目标 （2）将部分OKR目标转化为KPI指标，作为短期内的考核重点
制定关键结果	（1）针对每个OKR目标，制定具体的关键结果（KR） （2）可以将部分关键结果作为KPI的考核内容
过程管理	（1）通过OKR的过程管理，关注员工在实现目标过程中的表现和问题，并提供必要的支持和辅导 （2）根据KPI的考核结果，对员工的工作成果进行量化评估
绩效评估	结合KPI和OKR的考核结果，对员工进行综合评估
反馈与改进	将员工的反馈作为调整和优化KPI与OKR结合考核模式的依据

表8-6 KPI考核表

KPI考核结果统计表

序号	部门	岗位	姓名	1月分数	1月等级	2月分数	2月等级	3月分数	3月等级	4月分数	4月等级	5月分数	5月等级	6月分数	6月等级	7月分数	7月等级	8月分数	8月等级	9月分数	9月等级	10月分数	10月等级	11月分数	11月等级	12月分数	12月等级
1	行政部	行政专员	张3	72	C			83	C	83	C																
2	行政部	网管员	张4	85	B			87	B	81	C																
3	行政部	会务专员	张5	89	B			85	B	68	D																
4	人事部	薪酬福利	张6	90	A			89	B	93	A																
5	人事部	招聘专员	张7	85	B			90	A	90	A																
6	人事部	培训专员	张8	86	B			87	B	91	A																
7	人事部	绩效专员	张9	90	A			87	B	96	A+																
8	人事部	HRBP	张10	93	A			90	A	98	A+																
9	财务部	费用会计	张11	92	A			89	B	92	A																
10	财务部	出纳	张12	89	B			89	B	91	A																
11	财务部	成本会计	张13	82	C			90	A	103	S																
12	技术部	软件测试	张14	91	A			92	A	92	A																
13	技术部	UI设计	张15	95	A+			94	A	94	A																
14	技术部	Python开发	张16	89	B			90	A	89	B																
15	技术部	前端开发	张17	94	A			90	A	95	A+																
16	工程部	售后维修	张18	78	C			88	B	90	A																
17	工程部	售后维修	张19	95	A+			89	B	91	A																
18	工程部	助理工程师	张20	67	D			90	A	92	A																

表8-7 OKR考核表

序号	目标(O)	O权重	关键成果(KR)	KR权重	开始日期	截止日期	执行人	KR分值	O得分	目标完成进度	自评 (40%)	领导评分 (60%)	综合得分
1	本季度每月销售额实现20%的增长	30%	P1 第一个月,销售额应增加30%,电动销售额为100万元	20%	2021/3/1	2021/3/31	祝亮1	15.40	25.10	30%	80.00	75.00	77.00
			P2 每月超市的数量应增加一个,超市流量应增加100人	20%	2021/3/1	2021/3/31	祝亮2	16.00		100%	95.00	70.00	80.00
			P3 超市增加产品的数量与种类,以此吸引人流量	20%	2021/3/1	2021/3/31	祝亮3	15.80		50%	85.00	75.00	79.00
			P4 每个销售员每月增加20%的销售额考核	20%	2021/3/1	2021/3/31	祝亮4	18.00		60%	93.00	88.00	90.00
			P5 每三个月在超市进行满减活动	20%	2021/3/1	2021/3/31	祝亮5	18.48		60%	96.00	90.00	92.40
2	本季度每月销售费用降低为上季度的90%	40%	P1 引入智能收银机器,减少人员的投入,降低人工成本	20%	2021/3/1	2021/3/31	祝亮6	15.88	33.01	30%	86.00	75.00	79.40
			P2 促销费用尽量控制在每场10万元以内	20%	2021/3/1	2021/3/31	祝亮7	17.56		80%	92.00	85.00	87.80
			P3 对于供应商的比价要进行严格要求,选取物美价廉产品	20%	2021/3/1	2021/3/31	祝亮8	16.68		70%	95.00	75.00	83.40
			P4 有效合理的处理到期产品,实现利用最大化	20%	2021/3/1	2021/3/31	祝亮9	16.40		60%	85.00	80.00	82.00
			P5 减少不必要的销售费用的流失,对销售员采取销售费用外包	20%	2021/3/1	2021/3/31	祝亮10	16.00		50%	95.00	70.00	80.00
3	本季度每月开展2场大型超市促销活动	30%	P1 第一个月,在市中心最大型超市进行的第一个月促销活动	20%	2021/3/1	2021/3/31	祝亮11	15.80	25.82	100%	85.00	75.00	79.00
			P2 第二个月,在居民小区超市进行的第二个半月两场促销活动	20%	2021/3/1	2021/3/31	祝亮12	15.80		60%	85.00	75.00	79.00
			P3 第三个月,在郊区超市进行为期半个月三场促销活动	20%	2021/3/1	2021/3/31	祝亮13	18.00		60%	93.00	88.00	90.00
			P4 通过促销商品,实现超市人流量与营业额增加	20%	2021/3/1	2021/3/31	祝亮14	18.48		40%	96.00	90.00	92.40
			P5 通过办会员制度,从而进行现金流的增加	20%	2021/3/1	2021/3/31	祝亮15	18.00		80%	93.00	88.00	90.00

部门名称：_____ 负责人：_____ 开始日期：_____ 结束日期：_____ 合计得分：81.94

另外一个就是360度绩效反馈评价（360-degree feedback），又称"360度绩效考核法"或"全方位考核法"。作为绩效管理的一种工具，360度绩效评估在大型企业中的应用已经相当广泛，以下模板就是对其应用的详细分析（表8-8）。

表8-8 员工360度绩效考核表

单位名称：_____		填表时间：_____				
被评价者姓名：		部门：		职务：		
评价者姓名：		部门：		职务：		
评价区间：	年	月至	年	月		
评价尺度及分数						
杰出（4分） 优秀（3分） 良好（2分） 一般（1分） 较差（0分） 极差（-1分）						
评价项目		评价得分				权重	备注
		上级评价	同级评价	下级评价	自我评价		
个人素质（20分）	品德修养					%	
	个人仪表仪容					%	
	坚持真理，实事求是					%	
	意志坚定，不骄不躁					%	

续表

评价项目		上级评价	同级评价	下级评价	自我评价	权重	备注
工作态度（20分）	热情度					%	
	信用度					%	
	责任感					%	
	纪律性					%	
	团队协作精神					%	
专业知识（20分）	专业业务知识					%	
	相关专业知识					%	
	外语知识					%	
	计算机应用知识					%	
	获取新知识					%	
工作能力（20分）	文字表达能力					%	
	逻辑思维能力					%	
	指导辅导能力					%	
	人际交往能力					%	
	组织、管理与协调能力					%	
工作成果（20分）	工作目标的达成					%	
	工作效率					%	
	工作质量					%	
	工作创新效能					%	
	工作成本控制					%	
分数合计						100%	
工作表现综合评价							
优势及劣势项目分析	优势分析						
	劣势分析						
项目的建议与训练	有待提高技能						
	参加培训项目						
工作预期	明年目标						
	预期表现						

工具四：考核流程图表

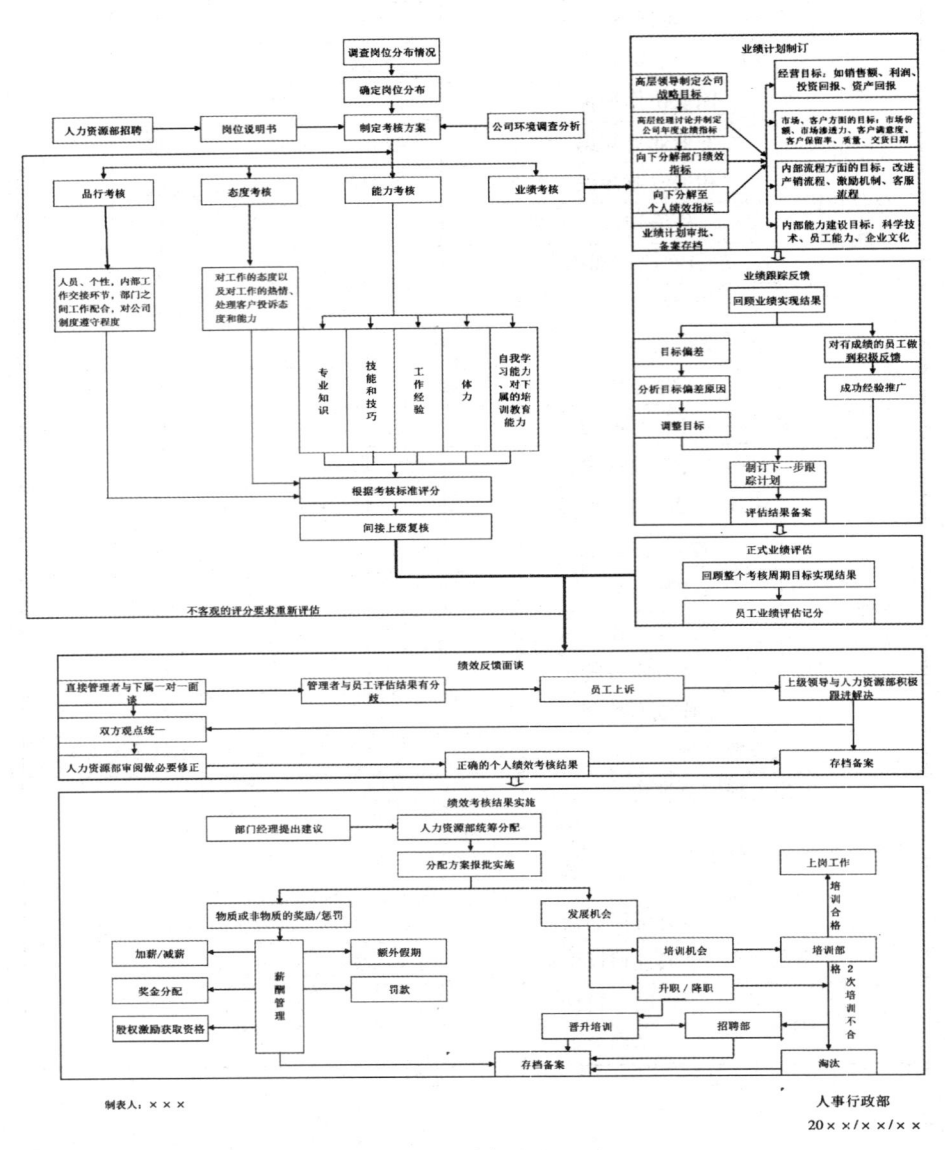

图8-1 绩效考核流程图

工具五：激励方案策划模板

表8-9　激励方案策划模板

激励管理制度		
文件编号： 编制单位： 修订时间：		
激励制度		
第一章　总　则		
第一条　目的		
为形成良好工作导向，对日常工作中出现的先进或后进个人和集体及时进行激励，保证公司各项管理目标顺利完成，特编制××公司激励管理制度，请相关部门及人员严格遵照执行		
第二条　适用范围		
××公司		
第二章　激励管理的原则和分工		
第三条　激励管理的原则		1.奖励为主，处罚为辅的原则 2.精神奖励为主，物质奖励为辅的原则 3.处罚以"不贰过"为基本原则 4.即时奖励和定期奖励相结合的原则 5.激励必须符合《员工守则》相关规定
第四条　激励管理的职责及分工	总经理	1.确定公司激励方向 2.领导改善推进办公室进行激励管理 3.负责组织评定小组进行公司级奖项评定
	改善推进办公室	1.负责公司级部门、班组、个人激励方案的制定 2.协同各部门激励方式同公司的一致性 3.审核部门激励方案的可行性 4.组织评定小组进行评定

续表

激励管理制度		
第四条 激励管理的职责及分工	各部门	1.负责部门及班组、个人激励方案的制定 2.协同各班组激励方式同公司的一致性 3.监督审核班组激励方案的可行性和有效性
	各班组	1.负责班组个人激励方案的制定 2.保证班组激励方式同公司激励方式的一致性
	公司级安全员	1.负责起草异常、事故类安全处罚处理意见,同部门负责人协商后上报总经理审批 2.负责按照公司制度进行相关处罚措施
	公司激励评定小组	1.组成:总经理、总经理助理、各部门负责人 2.职责:负责评定公司级奖项
第五条 激励的管理	月度激励设置	1.班组通过绩效考核、安全保证金、合格班组、小额激励等措施实施相关激励措施 2.部门通过班组及个人绩效考核、班组经济责任制、即时激励、月度奖项设置实施相关激励措施 3.公司月度设置执行团队、改善团队及最佳管理者三项奖励 4.部门不设置季度奖项 5.公司设置季度奖项并按照附表进行奖励
	激励的管理	1.各部门根据部门目标设置奖项并经改善推进办公室批准 2.部门激励项目不得随意增加 3.各种激励发放必须通过会议的形式发放,提高员工的荣誉感 4.激励实施后必须进行公示和宣传
第六条 奖励项目及标准		
第七条 奖励管理		
第八条 本制度请各部门严格执行,改善推进办公室负责监督落实,并对出现的问题进行及时通报处理 本制度自公布之日起执行		

以上提供的模板是一个基础的草案,它仅仅展示了奖励制度的一个大

致框架。实际上，针对不同公司，具体的奖励制度细节会存在显著的差异。每家公司都会根据自身的业务特点、员工需求以及企业文化来设计和调整奖励机制，以确保其能够最大限度地激发员工的工作积极性和创造力。因此，在实际应用中，公司需要根据自身情况对这个模板进行详细的修改和补充，以制定出真正适合自己的奖励制度。

工具六：激励效果评估表

在实施了激励政策之后，我们还需要密切关注这些政策的实际效果。仅仅制定政策是不够的，更重要的是观察和评估这些政策是否真正达到了预期的目标，是否真正激发了员工的工作积极性和创造力。通过对激励效果的持续监测和分析，我们可以及时调整和优化政策措施，确保它们能够有效地推动目标的实现（表8-10、表8-11）。

表8-10 激励效果评估表1

2022年度××奖项评选表			
参选单位		单位负责人	
所属公司		所属部门	
评优资料			
部门负责人意见			
改善推进办公室意见			
考评组意见			
总经理意见			

表8-11　激励效果评估表2

年度奖项汇总表									
序号	类型	名称	周期	数量	一等奖（元）	二等奖（元）	三等奖（元）	评定部门
1	部门	最佳执行力部门	季度	1	800			数据自然产生
2	部门	最佳改善部门	季度	1	600			改善推进办公室
3	部门	最佳执行力部门	月度	1	300			数据自然产生
4	部门	最佳管理改善部门	月度	1	200			改善推进办公室
5	班组	最佳执行力班组	季度	1	600			评定小组
6	班组	最佳改善班组	季度	1	500			评定小组
7	个人	吃苦之星	季度	1	200			评定小组
8	个人	敬业之星	季度	1	200			评定小组
9	个人	节约之星	季度	1	200			评定小组
10	个人	亮剑之星	季度	1	200			评定小组
11	个人	诚信之星	季度	1	200			评定小组
12	个人	奉献之星	季度	1	200			评定小组
13	个人	改善之星	季度	6	300	200	100	评定小组
14	个人	利他之星	季度	1	200			评定小组
15	个人	金点子奖	季度	3	200			评定小组
16	个人	最佳成长新员工	季度	1	200			评定小组
17	个人	最佳带徒奖	季度	1	200			评定小组
18	个人	执行之星	季度	1	300			评定小组
19	个人	岗位能手	季度	3	200			评定小组
20	个人	最佳业绩标兵	季度	1	200			数据自然产生
21	个人	改善之星	月度	6	200	150	100	评定小组
22	个人	最佳管理者	月度	1	200			数据自然产生
23	个人	最佳管理者	季度	1	300			数据自然产生
24	个人	最佳助教	季度	1	200			数据自然产生

续表

年度奖项汇总表								
序号	类型	名称	周期	数量	一等奖（元）	二等奖（元）	三等奖（元）	评定部门
25	个人	最佳教官	季度	1	200			数据自然产生
26	个人	最佳改善助理奖	季度	1	200			评定小组
27	个人	最佳宣传报道奖	季度	1	200			评定小组
28	综合	总经理特别奖	季度	不限	根据实际情况确定			总经理

工具七：晋升申请表与评审表

为什么晋升一定要有申请表和评审表？

在职场环境中，晋升是每一位员工都渴望实现的职业发展目标。它不仅意味着职位的提升，更代表着责任、权力以及薪酬待遇的增加。晋升并需要经过严格的申请、审核与评估流程。在这个过程中，申请表和评审表扮演着至关重要的角色（表8-12、表8-13）。

表8-12 晋升申请表

申请日期：　　　　　　No：

申请人			部门		职务	
身份证				联系方式		
入职日期				转正日期		
个人总结 (由申请人填写)	个人工作概况						
^	申请晋升理由						
^	对未来职位的规划						

续表

	申请人签字				
拟晋升部门		拟晋升职位		拟晋升日期	

部门经理审批意见：

签字：　　　日期：

行政人事部审批意见：

签字：　　　日期：

董事长审批：
□通过　□不通过

签字：　　　日期：

办理结果：

表8-13　晋升考核评审表

姓名		部门		岗位	
学历		毕业院校		专业	
入职日期		入职师父		直接上级	
上级评价（由上级主管填写）					

考核类别	考核项目	考核评价标准	得分
思想品德（德）（20%）	纪律性（10分）	□非常自觉遵守公司制度、彻底执行上级指令（8~10分） □较好地遵守公司制度、执行上级指令（6~7.9分） □在监督下能遵守公司制度、执行上级指令（4~5.9分） □偶尔违反公司规定、偶尔抵制上司指令（2~3.9分） □经常违反公司规定、经常抵制上司指令（0~1.9分）	

续表

思想品德 （德） （20%）	职业道德 （10分）	□廉洁奉公、遵守职业道德和社会公德（8~10分） □廉洁自律，谦虚谨慎，注重礼仪（6~7.9分） □尊重领导，顾全大局，团结协作（4~5.9分） □为人宽容厚道好相处，做事公正廉明能周全（2~3.9分） □表现一般（0~1.9分）	
知识技能 （能） （30%）	专业知识 理论 （15分）	□远远超出职位要求（12~15分） □部分超出职位要求（9~11.9分） □符合职位要求（6~8.9分） □稍有偏差（3~5.9分）□相去甚远（0~2.9分）	
	沟通协调 能力 （15分）	□协调工作圆满、同事关系融洽（12~15分） □协调事项圆满、同事关系融洽（9~11.9分） □基本能协调、关系融洽（6~8.9分） □偶尔未能协调、关系一般（3~5.9分） □无法协调、关系不融洽（0~2.9分）	
行为态度 （勤） （20%）	责任心及 努力程度 （10分）	□任劳任怨、竭尽所能（8~10分） □努力完成本职工作（6~7.9分） □交付工作偶尔需要监督（4~5.9分） □交付工作经常需要监督（0~2分）	
	工作 积极性 （10分）	□全部提前完成（8~10分） □部分提前完成（6~7.9分） □按时完成（4~5.9分） □需偶尔催促才能完成（2~3.9分） □需经常催促才能完成（0~1.9分）	
工作业绩 （绩） （30%）	计划执行 状况 （15分）	□超过工作和计划目标（12~15分） □部分超过工作和计划目标（9~11.9分） □能达到工作和计划目标（6~8.9分） □小部分未达成（3~4.9分） □大部分未达成（0~2.9分）	
	工作品质 （15分）	□未出现工作或品质异常（12~15分） □1次工作或品质异常（9~11.9分） □2次工作或品质异常（6~8.9分） □3次工作或品质异常（3~5.9分） □4次以上工作或品质异常（0~2.9分）	

续表

加扣分项	年度出勤	事假：天（-0.5分）；病假：天（-0.25分）； 工伤假：天（-0.25分）旷工：天（-2分）	
	年度奖惩	表扬：次（+0.5分）；小嘉奖：次（+1分）； 嘉奖：次（+1.5分）；小功：次（+2分）； 大功：次（+2.5分） 批评：次（-0.5分）；警告：次（-1分）； 严重警告：次（-1.5分）；小过：次（-2分）； 大过：次（-2.5分）	

计分考核人		日期		合计得分	

评级标准	A为优秀（91~100分）　B为良好（81~90分）　C为一般（71~80分）　D为差（61~70分）

考核标准	□A　　　□B　　　□C　　　□D

各级管理者综合会审评价	
部门科长或经助评价 （列出具体实际业绩）	签署：　　　　　　　日期：
部门经理考核评价	签署：　　　　　　　日期：
部门总监/ 分管副总考核评价	签署：　　　　　　　日期：
人力资源部/相关部门 经理综合考核评价	签署：　　　　　　　日期：
人力资源中心总监/相 关部门总监综合考核 评价	签署：　　　　　　　日期：
总经理核准	签署：　　　　　　　日期：

工具八：职业发展资源库指南

职业发展资源库是一个综合性的平台，旨在为个人提供全面的职业发展支持和信息。以下是指南的主要内容，能够帮助用户更有效地利用职业发展资源库。

我们先来看几个比较有名的职业发展资源库：

中国职业生涯网 www.zhiyeguihua.com

森途学苑职业能力与创业学习资源总库 https://www.sentuxueyuan.com/

新工科创新资源数据库 https://xgk.gxsentu.net/

职业全能培训库 https://zyk.bjadks.com/

AI 导航网 https://www.ai-dh.com/

职业发展资源库就是一个集中的平台，包括就业市场信息、行业分析、培训和教育机会以及职业规划工具，不管是对职场新人还是处于择业选择困难的职场老人都有指导作用。

我们通过表 8-14 来看一下职业发展资源库到底有哪些内容。

表8-14 职业发展资源库内容

工具	内容
就业市场信息	提供最新的岗位需求、行业趋势、薪资水平等就业市场信息，帮助个人了解就业市场的实际情况，从而更好地规划职业发展方向
行业分析	提供不同行业的特点、发展前景、竞争格局等分析，有助于个人制定职业规划并作出明智的决策

续表

工具	内容
培训和教育机会	包括学历教育、职业培训课程、在线学习资源等，帮助个人提升技能和知识水平，增强职业竞争力
职业规划工具	提供职业兴趣测试、职业规划咨询、个人简历撰写等工具，帮助个人了解自己的职业兴趣和优势，制定合理的职业目标
职业咨询服务	由专业的职业咨询师提供个性化的职业发展建议和指导，帮助个人更好地了解自己的优势和劣势，并制订相应的职业发展计划

那么，我们该如何有效地利用职业发展资源库呢？可以参考图8-2。

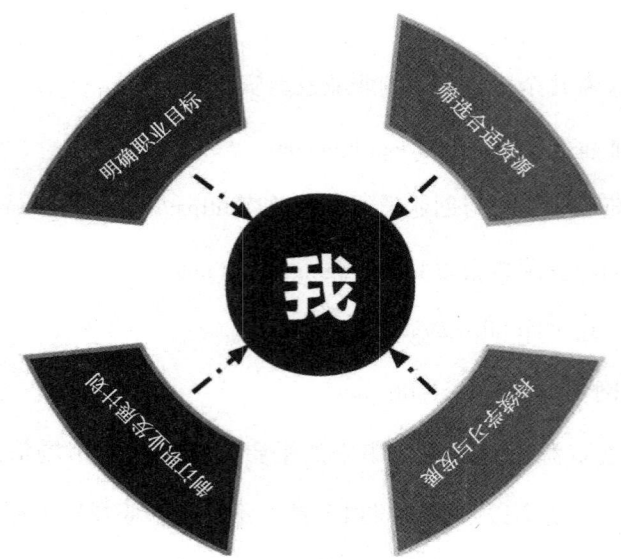

图8-2 职业发展库的作用

1. 全面收集信息：职业发展资源库的运营者应与各行业、企业和经济机构建立合作关系，收集最新的就业市场信息和行业动向。同时，定期更新和验证这些信息，以保证其准确性和可靠性。

2. 提供个性化支持：针对不同人群的职业需求，提供特定的资源和建议。例如，针对不同年龄段的人群，可以提供不同的职业规划工具和培训机会。

3. 加强合作与网络建设：与各类组织、高校、企业等建立合作关系，以共享信息和资源。利用互联网和社交媒体等工具，拓展资源库的影响力和覆盖范围。

4. 定期评估与改进：对职业发展资源库进行定期的评估和改进，以确保资源的及时更新和服务的有效性。通过收集用户的反馈意见和需求，不断改进资源库的服务内容和质量。

由此可见，职业发展资源库是一个宝贵的平台，尤其是对于即将步入职场的新人而言，正确的选择就是成功了一半。结合自己的技能、专业、特点，明确职业目标，筛选合适的资源，制订职业发展计划，不仅仅是做好从校园到社会的过渡，更是在未来职场中能够明确自己的个人职业规划，并且让自己在职场上获得更好的发展。

结　语

在开篇，我们就说当下商业环境不乐观，竞争压力比较大，所以，企业要想保持竞争力，还是要从内部下功夫。这就相当于"打铁还需自身硬"，一个企业要想在激烈的竞争中"稳中求发展"，必须有一个经得起高压的内部结构。

很多企业在发展过程中，最终是败给自己，而不是竞争对手。比如，曾经生机勃勃的制造企业博士达，随着时间的推移，博士达公司并没有在发展中壮大，而是在发展过程中逐渐陷入了困境。

博士达公司陷入困境从表面来看是被其他公司收购，然而，让它陷入困境的主要原因却是博士达公司在薪酬制度、晋升制度等方面存在不完善之处。由于公司的制度缺失，导致员工对薪酬不满意，进而影响工作积极性和忠诚度；由于公司晋升制度不够明确或公正，也直接导致基层员工、中层管理者看不到职业发展前景，进而影响员工的职业规划和忠诚度。

员工的消极怠工，再加之博士达公司面临多重挑战，最终陷入了经营困境。这样一个真实的案例告诉我们：如果一个公司内部管理体系出现问题，势必影响公司的外部竞争。

在当今快速变化的商业环境中，企业要想保持竞争力，不仅需要拥有先进的技术和产品，更需要构建一个高效、公平、激励性强的内部管理体系。其中，薪酬、考核、激励和晋升体系作为人力资源管理的核心组成部分，其持续优化与完善对于企业的长远发展至关重要。

薪酬体系是企业吸引、留住和激励人才的重要手段。企业的核心需求是对人才的需求，只有根据市场变化、企业发展和员工需求，不断调整薪酬结构和水平，确保薪酬的公平性和竞争力，才能留住优秀人才，从而提高企业的整体绩效。

与此同时，确保公正与透明的晋升体系，有助于员工明确自己的目标和方向，有利于公司更好地留住有野心、有能力的优秀人才。激励机制、考核机制等的完善，更是企业人力资源管理的核心任务之一。通过不断优化和完善这些体系，企业能够吸引和留住更多的优秀人才，激发他们的工作热情和创造力，从而为企业的发展注入源源不断的动力。

我们能够感受到，近两年的企业生存环境比较艰巨，因此，企业在这一时期更要完善内部制度，优化内部结构。在未来的发展中，企业应更加重视薪酬、晋升、激励、考核等体系的优化与完善工作，不断提高人力资源管理的水平和效率，从而提升企业对外的竞争力。